Prof. Dr. Thomas Gey (Hrsg.)

Lars Fuchte, Olaf Japp, Maike Radig, Nina Schenk

DER USER ALS KING
UND WIR ALS HOFLIEFERANT

web.psy – Marktpsychologisches Geheimnis des Interneterfolgs

DANKSAGUNG

Bei kleinen wie bei großen Projekten sind es meist viele Mitstreiter, die zum Gelingen beitragen. Deshalb möchten wir Autoren uns bei den Mitstreitern herzlich bedanken, ohne die das vorliegende Buch nicht denkbar gewesen wäre. Ein besonderer Dank gilt Tanja Stehr als Lektorin, Oliver Kause für die hilfreiche EDV-technische Gestaltung, Mirella Sperling für die grafischen Abbildungen, Patrick Machill und Kerstin Gey für die organisatorische Unterstützung sowie Dr. Björn Castan für das zur Verfügung stellen von aktuellen Marktforschungsergebnissen aus Usability-Untersuchungen.

Prof. Dr. Thomas Gey (Hrsg.)

Der User als King und wir als Hoflieferant
web.psy - Marktpsychologisches Geheimnis des Interneterfolgs

info@webpsy.de

Neisse Verlag, Görlitz 2005

Detlef Krell
Handwerk 13
02826 Görlitz
Tel. (0 35 81) 6 49 06 33
Fax (0 35 81) 6 49 06 37
mail@neisseverlag.de
www.neisseverlag.de

Druck: PZG Wroclaw (Wroclaw)

ISBN 3-934038-25-5

INHALTSVERZEICHNIS

3   DIE STEINZEITMENSCHEN ALS WESENTLICHE ZIELGRUPPE

„Der Markt ist ein wunderbarer Diener, aber ein grausamer, destruktiver
und kostspieliger Meister."

(David Marquand)

1 VERHALTENSBIOLOGIE UND WEB-DESIGN

1.1 Kundenverhalten im Internet-Zeitalter

Verkauf und Handel über Internet: ein Boom ohne Ende? Nach
der Euphorie folgte in jüngster Zeit erst einmal die Ernüchterung.
Dies gilt insbesondere für die Online-Shops im B-to-C-Bereich.
Doch was sind die Gründe? Bei der Analyse der Ursachen werden
eine Fülle unterschiedlicher Antworten gegeben: mangelnde
Datensicherheit, Unzulänglichkeiten in der Lieferung der ver-
sprochenen Leistungen und vieles mehr. Darüber hinaus berücksichtigen viele Web-Angebote auch nicht die Wünsche der jeweiligen Zielgruppe. Wie im Offline-Handel gilt auch hier: Wer
alles für jeden anbietet, bietet für keinen etwas Besonderes. Diese
Aspekte sind jedoch schon in vielen Veröffentlichungen diskutiert
und Lösungsansätze aufgezeigt worden.

Es stellt sich allerdings die Frage, ob es darüber hinaus nicht
weitere wichtige Web-Gestaltungsaspekte gibt, die das Web-Ver-
halten des Surfers beeinflussen – unabhängig von den speziellen
Wünschen einer Zielgruppe – und bisher zu wenig Beachtung gefunden haben.

Zur Erläuterung zielgruppenübergreifender Verhaltensweisen sei
ein Beispiel aus dem stationären Handel herangezogen:

So weiß man aus Untersuchungen, dass eine offen stehende La-
dentür alle potenziellen Kunden eher zum Betreten eines Ladens
animiert als eine geschlossene. Kann man nicht auch im Internet
durch grundsätzliche Maßnahmen eine "Tür öffnen" und vielleicht
auch noch auf subtilere Anreize zurückgreifen, um den Surfer zum
„Eintritt und Verweilen" zu animieren? Gerade im professionellen
stationären Handel werden psychologische Aspekte für den Erfolg
immer wichtiger. Der gezielte Einsatz von Musik, Düften, Licht und
visuellen Erlebnissen unterscheidet die erfolgreichen zunehmend
von den nicht erfolgreichen Händlern.

Diese Aspekte sind umso bedeutender, da es immer schwieriger
wird, sich über das fachliche Angebot zu profilieren, denn Produkte werden immer austauschbarer. Das gilt im Internet noch viel
eher als im stationären Geschäft, da Angebote per Klick schnell
mit dem Konkurrenten verglichen werden können.

Um Kunden im Internet zu faszinieren, werden psychologische Aspekte auch bei der Web-Gestaltung eine immer größere Rolle
spielen. Das Interesse des Users sollte so stark geweckt werden,
dass er gewillt ist, nicht nur die Homepage aktiv aufzusuchen,
sondern sich auch noch in die weiteren Sites einzuklicken. Mit einer banalen Produktdarstellung ist hier kaum ein Surfer mehr hinter dem Ofen hervorzulocken.

Vor diesem Hintergrund interessieren zunächst die grundsätz-
lichen Verhaltensweisen des Menschen als Basis der Kunden-Ge-
winnung im Internet. Verhaltensbiologie und Psychologie sind in
diesem Zusammenhang zwei wesentliche Wissenschaftszweige,

auf deren Erkenntnisse im Folgenden verstärkt zurückgegriffen wird.

1.2 Triebe und Motivation als wesentliche Erfolgsfaktoren

Wodurch ist menschliches Verhalten eigentlich geprägt? Bei der Untersuchung dieser Frage wird im Wesentlichen auf das Konstrukt der Motivation abgestellt. Motivation kann mit den Beweggründen einer Handlung beschrieben werden. Psychologie und Verhaltensbiologie befassen sich mit den Ursachen solcher zielorientierten Handlungen. Hierzu haben namhafte Forscher wie FREUD, HERZBERG, MASLOW, LEWIN, VROOM, McGREGOR, HULL und VON CUBE weitreichende Erklärungsbeiträge geliefert, die für viele Wissenschaftler Basis für weitere Studien sind.

Wir können danach eine Vielzahl von Motiven menschlichen Handelns unterscheiden. Von Interesse sind jedoch vor allem diejenigen Motive, welche nach heutiger Kenntnis bei den Menschen als gleichartig angesehen werden, um Zielgruppen übergreifende Anregungen für die Web-Gestaltung zu erhalten. Vor diesem Hintergrund spielen **Triebe** eine ganz besondere Rolle. Triebe sind stark handlungsinitiierend. Sie werden häufig zu den primären Motiven gezählt, weil sie angeboren sind. Im Vergleich dazu unterscheidet man die sekundären Motive, die erlernt worden sind. Gemäß unserer Zielsetzung interessieren uns vor allem die Triebe, da sie zielgruppenübergreifend wirken. Dazu zählen viele Forscher den Flucht-, Nahrungs-, Sexual-, Neugier-, Aggressions- und den sozialen Bindungstrieb. Die Stärke dieser Triebe wird uns besonders bewusst, wenn wir an die Gefühle denken, die mit den Trieben verbunden sind: Wut (Aggression), Angst (Flucht), Hunger (Nahrung) und Lust (Sexualität).

Der entscheidende Punkt ist, dass Triebe als endogen angesehen werden. Das bedeutet, dass sie auch ohne äußere Einwirkung im Laufe der Zeit an Intensität gewinnen. Bei entsprechend hoher Intensität sucht der Mensch dann nach einem die Triebbefriedigung auslösenden Reiz. Gelingt dies, dann bereitet ihm der Vorgang der Triebbefriedigung einen entsprechenden Genuss. Das ist ein wichtiger Aspekt des motivationalen Verhaltens. In unserer Überflussgesellschaft hat der bewusst denkende Mensch dieses positive Gefühl zu einem zentralen Anliegen gemacht. So wollen wir nicht nur satt werden, sondern genießen Delikatessen. Durst wird nicht mit Wasser, sondern mit Bier oder sogar Champagner gelöscht.

Das Entscheidende für uns ist, dass Triebe maßgeblich unsere Motivation beeinflussen. Wenn wir sie nicht abreagieren können, empfinden wir Unlust und wir greifen zu Ersatzstrategien, um das Triebniveau zur reduzieren.

Interessant für die Web-Gestaltung sind vor allem der Neugier-, der Aggressions- und der soziale Bindungstrieb sowie unter bestimmten Umständen auch der Sexualtrieb. In verschiedenen Abschnitten dieses Buches wird die Nutzung dieser Triebe bei der Web-Gestaltung aufgegriffen. Doch schon an dieser Stelle soll die Bedeutung für die Realisierung einer Website angedeutet werden.

Wenn **Neugier** triebgesteuert ist, dann sollte sie auch durch unseren Web-Auftritt möglichst schnell – also schon auf der Homepage – geweckt und gesteigert werden. Ein Web-Auftritt, der in den Augen des Users beim wiederholten Anklicken nicht aktualisiert ist, führt tendenziell zu einem Unlustgefühl. Die Neugierde weicht der Enttäuschung. Wie hoch ist die Wahrscheinlichkeit, dass jemand ein weiteres Mal den Anbieter aufsucht, wenn er beim zweiten Anklicken keine Änderung erkannt hat? Clevere Anbieter dagegen wecken zudem die Neugier für einen weiteren Seitenaufruf „hinter" der Homepage.

Der **Aggressionstrieb** stellt uns in der zivilisierten Welt vor große Probleme. Bei unseren Vorfahren war er biologisch äußerst wichtig, da ein erfolgreicher Kampf gegen Artgenossen Vorteile brachte. So sicherte er das Überleben und die stärksten Männchen gelangten bevorzugt an Weibchen, um sich fortzupflanzen. Heute wird der Aggressionstrieb sehr häufig über Ersatzstrategien abreagiert. Der Erfolg wird beispielsweise im Sport oder im kognitiven Sieg über den marktteilnehmenden Konkurrenten gesucht. Bei der Web-Gestaltung interessiert in diesem Zusammenhang die Frage, welcher **Erfolg** für den Surfer in Aussicht gestellt wird. Dieser kann beispielsweise in einem „Schnäppchen-Erfolg" oder in der individuellen Produktzusammenstellung liegen. Das ist z.B. über den Car-Konfigurator verschiedener Autohersteller der Fall.

Es ist jedoch auch zu beachten, inwiefern der Besitz des Produktes oder die Nutzung des Angebots einen potenziellen Erfolg suggeriert, wie beispielsweise eine exklusive Klubmitgliedschaft.

15

Besonders interessant ist, dass die Kombination von Neugier-weckung und Erfolgsaussicht sehr stimulierend wirken kann. Wenn die Auflösung des Neugierreizes mit einem weiteren not-wendigen Handlungsbedarf verbunden ist, wie z.b. einem Klick auf eine weitere Website des Anbieters, dann wird eine Spannung aufgebaut, die zu einer höheren Aktivierung von Neuronen führt. Diese setzen den Botenstoff Dopamin frei und schicken ihn zum Nucleus accumbens und zum Frontalhirn. Dieses System wird auch als Belohnungssystem bezeichnet. Wenn es aktiviert wird, erfahren wir einen Lustgewinn.[1] Experimente mit dem menschlich-en Gehirn zeigen, dass es zu einer zusätzlichen Dopaminaus-schüttung kommt, wenn die Belohnung besser ist als erwartet.

Aus der jüngsten Gehirnforschung ist besonders interessant, dass die Anregung unseres „Belohnungssystems" vom **Vorhersage-wert der Belohnung** durch den entsprechenden Stimulus ab-hängig ist.[2] Eine konkrete Konsequenz daraus ist, dass sich z.b. Bilder, die den künftigen Erfolg durch Besitz oder Nutzung des ge-kauften Produktes darstellen, uns einen höheren Lustgewinn ver-schaffen, als die ausschließliche Abbildung der Produkte.

Doch nicht nur das Erfolgs-Ziel selbst kann motivierend sein, son-dern auch der Weg dorthin. Handlungen, die um ihrer selbst willen schon Spaß machen und ein freudiges Aktivitätsgefühl hervorru-fen, werden als **FLOW-Erlebnis** bezeichnet. Wenn Beckenbauer Fußball spielt, dann macht ihm das Spielen auch unabhängig vom Endergebnis Spaß. Wenn jemand begeisterter Hobby-Bastler ist, dann ist der Gedanke des Zusammenbaus des Segelbootes schon motivierend, weil er sich auf diese Aktivität freut. Musikern macht das Spielen an sich schon viel Freude, unabhängig von der Erzielung eines Preises oder eines Entgelts. Eine wesentliche Ursache für den Eintritt des Flow-Erlebnisses ist das Gefühl, die Handlung überdurchschnittlich gut ausführen zu können. Die Anforderungen dürfen die Fähigkeiten nicht übersteigen.

Gerade dieser Motivationsaspekt wird bei der Web-Gestaltung häufig geradezu sträflich vernachlässigt. Viele Nutzer brechen die Internet-Suche frustriert ab, weil sie vom Anbieter nicht geleitet, geführt und relevant informiert werden. Trial-and-Error-Versuche sind meist die einzige Problemlösungsvariante, die dem Surfer bleibt, um zum Ziel zu gelangen. In diesem Fall tritt aber das Gegenteil von FLOW ein und der User bricht i.d.R. den Online-Besuch frustriert ab. Ordnung, zielorientierte und bequeme Führung sowie eine leichte Orientierung, die einen schnellen Weg zum Ziel ermöglichen, sind deshalb K.O.-Kriterien für den Internet-Auftritt. Wird hier ein Misserfolgserlebnis geschaffen, trifft es den Online-Anbieter doppelt hart. Denn er hat dem User nicht nur Frust bereitet, sondern das Gedächtnis speichert Misserfolgserlebnisse besonders gut und nachhaltig, weil damit negative Gefühle verbunden sind. Die Chancen, den so frustrierten User je wieder auf die eigene Homepage zu lenken, sind äußerst gering. Dieser potenzielle Kunde ist wohl langfristig verloren, zumal der bessere Konkurrent nur ein Klick weit entfernt ist!

Bedeutsam ist auch der **soziale Bindungstrieb**. Die Zugehörigkeit zu einer Gruppe hat in der Evolution viele Vorteile gebracht.

Dazu gehören die bessere Verteidigung bei Angriffen, als auch die Kooperation bei der Nahrungssuche. Dieses Gefühl der Zugehörigkeit zu einer Gruppe kann gerade im Internet virtuell unterstützt werden. Vor diesem Hintergrund sind Chats und virtuelle Communities motivierende Angebote mit dem Vorteil der Gruppenzugehörigkeit, bequem, quasi von zu Hause aus. Web-Cams und die Entwicklung der Sprachübertragung in Richtung Videokonferenzen werden dazu weitere Potenziale schaffen können.

Der **Sexualtrieb**, der insbesondere auch durch anmutige Fotos von Menschen angesprochen wird, ist in diesem Zusammenhang ebenfalls wichtig. In der Verlagsbranche ist die Erkenntnis weit verbreitet, dass vor allem Frauenbilder auf den Titelseiten zu erhöhten Absatzzahlen bei Programmzeitschriften beitragen. Achten Sie einmal darauf, wie viele TV-Zeitschriftenanbieter auf dieses Mittel zurückgreifen. Im Unterschied zu anderen Trieben hängt die Wirkung des Sexualtriebes nicht nur von der Dauer der Enthaltsamkeit ab, sondern kann gezielt durch Reize ausgelöst werden.

1.3 Bedürfnis nach Sicherheit

Eine der treibenden Kräfte in der Evolution der gesamten Menschheit ist die Angst. Sie ist Bestandteil unseres Lebens und existiert unabhängig von der Kultur eines Volkes. Angst ist die Folge einer tatsächlichen oder vermeintlichen Bedrohung des Menschen. Sie bewirkt Unordnung im Bewusstsein.

Angst tritt immer dann auf, wenn wir uns in einer Situation befinden, die wir nicht kennen oder der wir uns nicht gewachsen fühlen.

Kommerziell leben ganze Branchen von dem "Geschäft mit der Angst". Denken Sie beispielsweise an Versicherungen. Umgekehrt versprechen uns Anbieter Sicherheit für den Kauf bestimmter Angebote oder Produkte. Positiv ausgedrückt suchen wir nach Vertrautem, um Angst reduzieren zu können. Sicherheit erfahren wir durch eine räumlich vertraute Umgebung und durch den Umgang mit vertrauten Menschen, wie in der Familie. Auch Markenkauf ist in erster Linie ein Vertrauenskauf, der in der Werbung besonders herausgestellt wird ("Persil, da weiß man, was man hat"). Für diese Sicherheit ist der Konsument bereit, einen höheren Preis zu zahlen. Das Bedürfnis nach Sicherheit wird branchenübergreifend weiter zunehmen. Der Konsument von heute lebt in einer Zeit, in der sich große Veränderungen mit einer immer höheren Geschwindigkeit vollziehen. Folglich wird das Gefühl der Unsicherheit eher zu- als abnehmen. Dies wiederum verstärkt den Wunsch, Unsicherheit zu reduzieren. Führende Markenartikelhersteller verstärken deshalb die Anstrengungen zur Vertrauensgewinnung. Doch auch sie haben es in der heutigen Zeit immer schwerer, bei einem zunehmend kritisch werdenden Konsumenten um Vertrauen zu werben. BSE-Skandal, Schweinepest, Rückrufaktionen der Automobilindustrie und des Lebensmittelhandels sind nur einige Stichworte dazu.

Wenn dieser Aspekt bei den klassischen Marketingaktivitäten schon eine so große Rolle spielt, so muss er insbesondere in einem neuartigen Kommunikations- und Absatzkanal wie dem Internet berücksichtigt werden. Hinzu kommt das Misstrauen eines

Konsumenten gegenüber einem relativ anonymen elektronischen Anbieter. Im klassischen stationären Handel hat der Konsument noch den persönlichen Kontakt zum Verkäufer, sieht die Räumlichkeiten und kann das Angebot anfassen. Alles dies sind Momente der Vertrauensbildung. Darauf muss der Anbieter im Internet verzichten. Umso wichtiger ist es, auf alternative vertrauensbildende Maßnahmen zu setzen, um eine Bande zum Surfer zu knüpfen.

Fehlende Übersichten, eine umständliche Navigationsführung, fehlende Kontaktmöglichkeiten, ausführliche Befragungen nach Daten des Surfers und der Verzicht auf bestimmte Bilder (Fotos erhöhen die Glaubwürdigkeit!) sind vor diesem Hintergrund unverzeihliche Fehler in der Markenbildung bei der Nutzung des Mediums Internet. Deshalb spielen vertrauensbildende Maßnahmen gerade bei diesem unpersönlichen und noch relativ neuen Medium eine gravierende Rolle für den Kommunikations- und Absatzerfolg! Bei den konkreten Ausführungen in den folgenden Kapiteln wird auf diesen Aspekt ein besonderes Augenmerk gelegt.

1.4 Appell an die Gefühle

Wie bereits angedeutet, stehen die Triebe in engem Zusammenhang mit den dazu hervorgerufenen **Gefühlen**. Sie gelten als grundlegende menschliche Antriebskräfte. Dies ist insofern sehr interessant, da wir vermeintlich in einer sehr sachlichen Welt leben, bei der die Rationalität beim Verkauf angeblich eine große Rolle spielt. Gerade viele volkswirtschaftliche Modelle gehen von rationalen Überlegungen aus, weshalb Preis- bzw. Zinsmechanismen als wesentliche verhaltenssteuernde Maßnahmen angesehen werden. Tatsächlich jedoch werden (Kauf-) Entscheidungen im Wesentlichen zunächst gefühlsmäßig getroffen. Dieses Gefühl versucht der Kunde dann häufig rational zu rechtfertigen. Dieser Zusammenhang wird uns bei der Kaufentscheidung oft gar nicht bewusst. Woran liegt das?

Nach heutiger Kenntnis werden Wahrnehmungen im sog. limbischen System des Gehirns mit Gefühlen versehen, bevor(!) sie von uns bewusst verarbeitet werden können. Nehmen wir also ein Angebot bewusst wahr und denken darüber nach, befinden wir uns bereits in einer Stimmung für oder gegen das Angebot. Das kennen wir alle: Wir sehen ein Auto, welches uns gefällt (Gefühl), aber für unseren Geldbeutel eigentlich zu teuer ist (Rationalität). Jetzt rationalisieren wir weiter, um dem Gefühl nachzugeben: "Eigentlich ist es gar nicht so teuer, wenn man an die Finanzierungsmöglichkeit denkt und an den relativ hohen Wiederverkaufswert. Außerdem ist dieses Auto vielleicht sicherer als ein kleines Preiswerteres. Ist denn Sicherheit mit Geld zu bezahlen?" Diese Argumentationskette können wir beliebig fortführen. Entscheidend ist: Das Gefühl spielt unseren – wie wir glauben – so objektiven und rationalen Überlegungen einen Streich!

Warum ist das so? Hierzu müssen wir einen kleinen Ausflug in unser Gehirn unternehmen und uns mit einigen Erkenntnissen aus der Gehirnforschung befassen.

Das menschliche Gehirn kann man im Wesentlichen unterteilen in

- das Rautenhirn

- das Mittelhirn

- das Zwischenhirn mit dem sog. limbischen System und

- den Neokortex (Großhirnrinde).

Zusammen mit dem Rückenmark bilden diese vier Teile des Gehirns das Zentralnervensystem (s. Abb. 1).

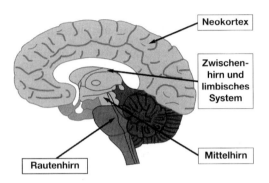

Abb. 1: Struktur des menschlichen Gehirns.[3]

Das Rautenhirn, zu dem auch das Kleinhirn zählt, stellt primär das Zentrum für die Koordination von Bewegungsabläufen dar und ist auch an der Funktion des Gleichgewichts- und des Raumsinns beteiligt. Das Mittelhirn ist Sitz wesentlicher Zentren, die an der Steuerung von Atmung, Kreislauf und weiterer wichtiger Lebensfunktionen beteiligt sind.

Der Neokortex gilt als Hauptsitz unseres bewussten Denkens und ist der jüngste Teil in unserem Kopf, „erst" ca. 0,5 Mio. Jahre alt. Er ist verantwortlich für Erinnerung, bewusstes Handeln und alle höheren intellektuellen Leistungen eines Menschen. Dieser Teil des Gehirns ist in zwei Hemisphären unterteilt und mit einem dicken Faserbündel verbunden, dem sog. Balken (Corpus callosum).

Das Zwischenhirn hat für unsere Überlegungen eine besondere Bedeutung, weil sich dort das limbische System befindet. Es handelt sich dabei um eine Struktur unterhalb des Neocortex, welche ringförmig um den Corpus callosum (Balken) ausgebildet ist. Bei Menschen und Säugetieren sieht diese Struktur ähnlich aus. Das limbische System – auch als Reptilienhirn bezeichnet – ist ca. 250 bis 300 Mio. Jahre alt, also wesentlich älter als der Neocortex. Hier wurden im Laufe der Evolution jene Steuerungsfunktionen zusammengefasst, die sich als erfolgreich bewährt haben. Aufgrund der Erkenntnisse, die man heute vom limbischen System hat, wird es auch als „Gefühlszentrum" bezeichnet.

Um die enorme Bedeutung dieses Gehirnteiles für unser Handeln zu verstehen, soll etwas näher darauf eingegangen werden.

Zum limbischen System gehört die Amygdala (= Mandelkern), eine entscheidende Instanz für das emotionale Verhalten von Mensch und Tier. Treffen Informationen bzw. Reize von außen auf unsere Sinnesorgane, so gelangen diese über den Thalamus auf sehr kurzem Weg zur Amygdala, wo sie gefühlsmäßig bewertet werden. Die Bewertung führt über die Aktivierung des Hypothalamus zu einer Freisetzung von Neurotransmittern, wie z.B. Serotonin, Dopamin und Adrenalin. Die Freisetzung dieser chemischen Substanzen empfinden wir als Gefühle.

23

Reize, die positive Gefühle auslösen, möchten wir beibehalten. Die anderen negativ wirkenden Reize wollen wir vermeiden und versuchen, uns diesen zu entziehen. Wittern wir beispielsweise Gefahr, werden sofort entsprechende Hormone aktiviert, es erfolgt eine verstärkte Zufuhr von Blut zu den Skelettmuskeln, die uns verbessert ermöglichen zu kämpfen oder zu fliehen. Erst dann (!) wird uns das Gefühl der Angst bewusst. Eine wesentliche Erklärung der schnellen Übermittlung der Informationen in der dargestellten Form ist die sehr kurze und synapsenarme Verbindung zwischen Thalamus und der Amygdala. Dies erlaubt ein schnelles Reagieren ohne Umweg und damit die verzögerte Verarbeitung der Informationen über die Großhirnrinde (s. Abb. 2).

Daraus kann gefolgert werden, dass es psychologisch äußerst vorteilhaft ist, bei der Übermittlung von Informationen vor allem die Gefühle positiv zu beeinflussen. Dies wird in der professionellen Werbung auch sehr intensiv genutzt. Deshalb wird gern auf Bilder zurückgegriffen, um Informationen zu übermitteln. Mit Bildern ist man eher in der Lage, den Betrachter gefühlsmäßig zu beeindrucken. Eine „sexy" Strumpfhose kann durch ein Bild eher Gefühle ansprechen als eine verbale Umschreibung des Produktes. Selbst die Fotografie einer modernen Druckmaschine kann die verbal geäußerten fachlichen Vorteile gefühlsmäßig massiv unterstützen!

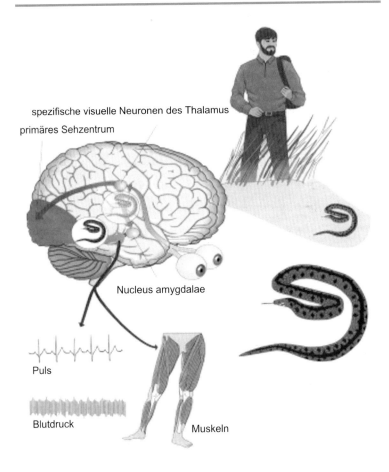

spezifische visuelle Neuronen des Thalamus

primäres Sehzentrum

Nucleus amygdalae

Puls

Blutdruck

Muskeln

Abb. 2: Das „gefühlsmäßige" Gedächtnis.[4]

Die Beeinflussung von Gefühlen hat aus Anbietersicht noch einen weiteren wesentlichen Vorteil. Je intensiver die gefühlsmäßige Beteiligung eines Menschen für eine bestimmte Situation ist, desto stärker bleibt sie im Gedächtnis haften. Ein kleiner Test wird Ihnen das bestätigen: Woran erinnern Sie sich am ehesten und vor allem noch am genauesten? Ist es der Tag, an dem Sie Ihren Lebenspartner kennen gelernt haben, die Geburt Ihres Kindes, ein bestimmtes tolles Urlaubserlebnis, der Kauf Ihres ersten Autos? Je intensiver Sie gefühlsmäßig beteiligt waren, desto eher ist Ihnen das entsprechende Ereignis in Erinnerung. Wollen Sie nicht mit Ihrem Web-Auftritt möglichst lange beim Kunden in Erinnerung bleiben, idealerweise bis zum nächsten Internet-Besuch? Dann sollten diese Aspekte berücksichtigt werden, um den Internetauftritt attraktiv zu gestalten.

Gelingt es dem Web-Anbieter, positive Gefühle zu erzeugen, kann er sich – unabhängig von den zu übermittelnden Sachinformationen – Vorteile verschaffen, welche die Anziehungskraft seines Web-Auftritts erhöhen. Somit erhalten diese Aspekte bei der Web-Gestaltung einen hohen Stellenwert.

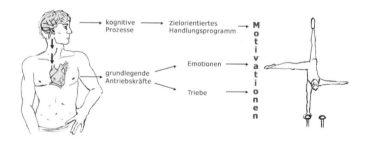

Abb. 3: Ursachen der Motivation.

In Abb. 3 wird noch einmal zusammenfassend deutlich, welcher grundlegender Charakter den Trieben und Emotionen bei der Motivation zukommt. Wir können bereits über Emotionen und den bewussten Appell an bestimmte Triebe die Aktivierung des Menschen Zielgruppen übergreifend stark beeinflussen. Ob jedoch das zielorientierte Handlungsprogramm („Ich bestelle mir das Schokoladenpaket von Milka, um meinen Hunger zu befriedigen") zum Tragen kommt, hängt schließlich vom adäquaten Angebot für die entsprechende Zielgruppe ab. So müssen letztlich sowohl zielgruppenübergreifende als auch zielgruppenspezifische Aspekte für einen optimalen Web-Auftritt berücksichtigt werden.

1.5 Mit AIDA gezielt zum Internet-Erfolg

Die fehlende Attraktivität von Internet-Seiten wurde als ein wesentlicher Faktor für den mangelnden Erfolg vieler Online-Anbieter erkannt. Dabei spielt die Homepage eine ganz entscheidende Schlüsselrolle. Sie gilt quasi als elektronische Visitenkarte und ist häufig ausschlaggebend, ob ein User weitere Seiten anklickt oder den Anbieter wieder verlässt. Das ist vergleichbar mit der Wirkung einer Titelseite von Zeitschriften oder den Schaufenstern in einer Einkaufsstraße. Insbesondere für Online-Shops, die den direkten kommerziellen Erfolg über dieses Medium suchen, kann diese Entscheidung des Users eine existenzielle Bedeutung haben. Verlässt der User enttäuscht die Homepage, so gibt er dem Anbieter häufig keine zweite Chance mehr und meidet in Zukunft diesen Shop. Entscheidende Funktion der Homepage ist somit, das Interesse zu wecken und den User zum Weiterklicken zu animieren. Hier kommt es besonders auf die Nutzung werbepsychologischer

Erkenntnisse an, die dem Online-Anbieter wesentliche Vorteile verschaffen.

Um eine inhaltlich sinnvolle Vorgehensweise für dieses Buch zu wählen, ist der Kapitelaufbau an ein Evaluierungsmodell angelehnt, das von den Autoren dieses Buches im Rahmen einer Studie bei der Untersuchung von über 100 Online-Shops zugrunde gelegt worden ist.

Es handelt sich dabei um ein Bewertungsschema, das an ein gängiges Modell zur Kontrolle der Werbewirkung angelehnt ist, das sog. AIDA-Modell. Es wurde schon zu Beginn des letzten Jahrhunderts in den USA bekannt und ist seitdem zunehmend weiter entwickelt worden. Heute gibt es eine Vielzahl an Varianten. Fast alle der neueren Modelle lassen sich jedoch auf das ursprüngliche, weniger komplexe, AIDA-Modell zurückführen. Deshalb dient es auch als Grundlage für die nachfolgenden Ausführungen.

Beim AIDA-Modell wird die Werbewirkung in verschiedene Stufen unterteilt. Sie beginnt bei der Weckung der Aufmerksamkeit des Interessenten und endet erfolgreich mit der in der Werbebotschaft beabsichtigten Handlung. Das kann der Kauf des betreffenden Produktes sein. Die Erreichung der Aufmerksamkeit für die Werbung ist also eine Voraussetzung für das beabsichtigte Endziel der Kommunikationsbotschaft.

In Analogie dazu können bei der Gestaltung der Homepage vier aufeinander aufbauende **Ziele** unterschieden werden, um den

Surfer als Interessenten für den eigenen Internet-Auftritt zu gewinnen: **Aufmerksamkeit, Aufnahme, Verständnis** und **Aktivierung zum Weiterklicken** in die nachgeschalteten Seiten des Internet-Anbieters (s. Abb. 4).

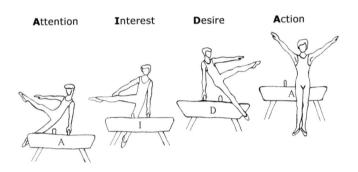

Abb. 4: Das AIDA- Modell.

Um einen Eindruck zu geben, was sich hinter diesen Zielen verbirgt und welche Inhalte Sie erwarten können, werden diese vier Stufen kurz erläutert:

1. Stufe: Aufmerksamkeit

Nach dem Aufruf des Internet-Angebots durch den Surfer geht es zunächst darum, die Blicke des Users auf der Homepage zu halten und sein Interesse an der Web-Präsentation zu wecken. Dies ist umso wichtiger, als für den ersten Eindruck nur wenig Zeit zur Verfügung steht. Eine besonders wichtige Rolle spielen hierbei die so genannten Aktivierungstechniken.

2. Stufe: Aufnahme

Des Weiteren müssen die Botschaften so gestaltet sein, dass sie der User einfach, schnell und unverfälscht aufnehmen kann. Hierfür gibt es zwei grundsätzliche Ansatzpunkte. Zum einen sind dies gestalterische Hilfsmittel, wie der Einsatz von Bildern und die Einhaltung der Gestaltgesetze. Zum anderen sind es inhaltliche Hilfsmittel. Dazu zählen gezielte Wiederholungen und eine möglichst effektive Textgestaltung.

3. Stufe: Verständnis erreichen

Im Unterschied zur vorigen Stufe zielen die Maßnahmen dieses Bereiches darauf ab, dem User Aufrichtigkeit zu vermitteln. Gerade die bereits angesprochene Anonymität im Internet im Vergleich zum stationären Ladengeschäft erzeugt beim Kunden ein unsicheres Gefühl. Immer wieder unterstreichen Studien die Bedeutung des Faktors „Unsicherheit" für die große Zurückhaltung im Online-Shopping. Deshalb müssen so früh wie möglich – also bereits auf der Homepage – Maßnahmen zur Vertrauensbildung und für die Glaubwürdigkeit ergriffen werden. Einfache Beispiele hierfür sind die Firmenanschrift oder regelmäßig aktualisierte Bereiche auf der Homepage.

4.Stufe: Aktivierung zum Weiterklicken

Das Ziel jeder Homepage-Gestaltung muss es letztlich sein, den User zum Weiterklicken anzureizen. Nur so ist ein kommerzieller Erfolg zu erreichen. Hierzu zählen kauferleichternde Maßnahmen, wie Suchhilfen, oder auch verkaufsfördernde Elemente, wie das

Angebot von Produktproben. Einen besonderen Stellenwert bekommt in diesem Rahmen die Interaktionsmöglichkeit des Users.

Unter diesem Aspekt werden Online-Chats künftig eine noch größere Bedeutung erhalten.

Wird der Surfer als potenzieller Kunde auf allen Stufen positiv beeinflusst, haben Sie die Wahrscheinlichkeit einer attraktiven Homepage, die zum Weiterklicken in Ihren gesamten Internetauftritt einlädt, wesentlich erhöht. Im Folgenden werden nun wesentliche Aspekte zur erfolgreichen Bewältigung der einzelnen Stufen erläutert.

2 DIE STUFEN DER ERFOLGREICHEN WEB-PRÄSENTATION

2.1 Rahmenbedingungen

Die Werbetreibenden leiden zunehmend unter der herrschenden **Informationsüberlastung**. Es wird immer schwieriger, mit Hilfe von Anzeigen und TV-Spots in Kontakt mit dem Konsumenten zu kommen. Dieses Problem findet sich auch im Internet. Zurzeit gibt es weltweit über 160 Millionen Internetangebote. Aus Deutschland kommen hierbei über acht Millionen Homepages. Die Fülle an Information führt zu einer Übersättigung bei den Empfängern. Wir versuchen dieser Situation Herr zu werden, indem wir viele Informationen, die täglich auf uns einwirken „wollen", gar nicht mehr bewusst wahrnehmen. Auf diese Weise werden automatisch all jene Informationen herausgefiltert, die nicht von Interesse sind (s. Abb. 5). Untersuchungen haben ergeben, dass die allgemeine Informationsüberlastung in Deutschland bei 98% liegt. Das bedeutet, dass lediglich 2% der dargebotenen Informationen bewusst Empfänger erreichen.

Daraus resultiert die entscheidende Frage, was ein Website-Betreiber tun kann, um aus der Masse an Internetpräsentationen herauszuragen.

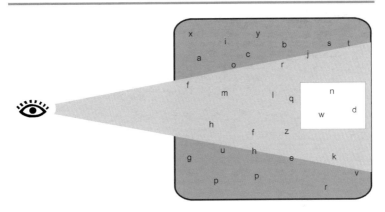

Abb. 5: Das Filtermodell der Aufmerksamkeit.

Das Wichtigste ist zunächst einmal, **Aufmerksamkeit** für die Homepage zu **erzielen**. Ist das geschafft, muss die Aufmerksamkeit des Surfers in ein Interesse überführt werden, sich über die Homepage hinaus in das weitere Angebot hineinzuklicken. Für diese Neugierweckung bleibt äußerst wenig Zeit. So weiß man aus der Forschung, dass für übliche Anzeigen in Zeitungen oder Zeitschriften maximal (!) zwei Sekunden Zeit bleiben, Aufmerksamkeit und Interesse für das beworbene Produkt zu wecken. Studien zeigen, dass für Internet-Anbieter nicht viel mehr Zeit zur Verfügung steht. Dazu kommt, dass durch die Ladedauer einer Seite ebenfalls Zeit verloren geht, die der User oft als unnötige Warterei empfindet.

Was bringt nun den Menschen dazu, sich aufmerksam einer Sache zuzuwenden? Ein kleiner Ausflug in die Verhaltenspsychologie soll dies verdeutlichen.

33

In der **Verhaltenswissenschaft**, die sich mit den Bedingungen und Konsequenzen erfolgreicher Kommunikationsstrategien beschäftigt, wird bei dem Versuch, Aufmerksamkeit zu generieren, von Aktivierung gesprochen. Hierunter wird zunächst das aktive Zuwenden auf einen Reiz verstanden. Dieses Hinwenden zu einem Reiz reicht aber nicht aus, die dargebotenen Informationen vollständig inhaltlich zu erfassen. Die Fähigkeit zur bewussten, inhaltlichen Aufnahme von Informationen in größerer Detailfülle hängt in erster Linie von kognitiven Prozessen ab. Diese schließen die Verarbeitung des Aufgenommenen, sowie dessen Verankerung im Gedächtnis mit ein.

Das menschliche Verhalten wird demnach durch **aktivierende und kognitive Prozesse** gesteuert, die von inneren oder äußeren Reizen ausgelöst werden (s. Abb. 6). Steigt z.B. Ihr Hungergefühl nach einer längeren Essenspause an (innerer Reiz), so kann Sie das zum Kühlschrank oder zum Einkaufen bewegen. Hat jedoch ein gut konzipierter Werbespot Ihren Appetit geweckt, so ist das auf diesen äußeren Reiz zurückzuführen.

Die **aktivierenden Prozesse** sind die Basis allen menschlichen Handelns. Sie versorgen jeden Einzelnen mit psychisch-seelischer Energie und sind dafür verantwortlich, dass überhaupt eine Handlung zustande kommt. Zu den aktivierenden Vorgängen zählen solche, die überwiegend durch Emotion, Motivation oder persönliche Einstellung beeinflusst werden.

Kognitive Prozesse dagegen sind gekennzeichnet durch die bewusste Wahrnehmung und Beurteilung von Sachverhalten, das Treffen von Entscheidungen, sowie Lernen und Speicherung im Gedächtnis. Kognitive und aktivierende Prozesse beeinflussen sich gegenseitig und lassen sich bei der Betrachtung und Analyse eines Prozesses in der Realität nicht eindeutig trennen. So wird eine Beurteilung (kognitiver Prozess) beispielsweise beeinflusst von der persönlichen Einstellung (aktivierender Prozess).

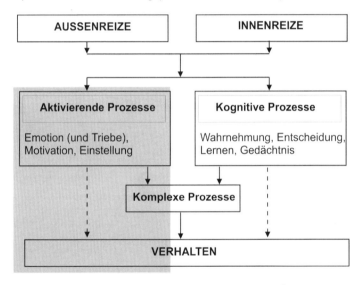

Abb. 6: System der handlungsbeeinflussenden Variablen.[5]

Das folgende Kapitel beschäftigt sich zunächst mit der linken Seite des in Abb. 6 dargestellten Systems der menschlichen Verhaltensbeeinflussung, also den aktivierenden Prozessen. Anschließend wird auf die rechte Seite der Abbildung – die kognitiven Prozesse – näher eingegangen.

Attention

„Die teuerste Währung heißt Aufmerksamkeit. Sie ist das knappste und
flüchtigste Gut von allen."

(Hubert Burda)

2.2 Aufmerksamkeit wecken

2.2.1 Aktivierung

Als **Aktivierung** wird ein Zustand vorübergehender oder anhalten-
der innerlicher Erregung oder Wachheit bezeichnet, der dazu
führt, dass sich ein Empfänger instinktiv bzw. reflexartig einem
Reiz zuwendet. So wird sich der Betrachter einer Homepage nur
dann einem Text oder einem Bild näher zuwenden, wenn er dazu
aktiviert wird. Erhält ein Individuum einen aktivierenden Außenreiz,
wird im Gehirn das retikuläre Aktivierungssystem (RAS), ein Bestandteil des zentralen Nervensystems, in Erregung versetzt (s.
Abb. 7).

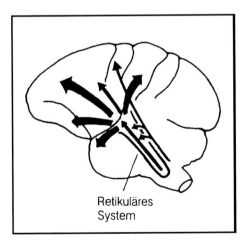

Abb. 7: Wirkung der Aktivierung im menschlichen Gehirn.[6]

37

Das RAS befindet sich im Stammhirn und steht mit anderen Funktionseinheiten des **zentralen Nervensystems** in Verbindung. Bei vorhandener Aktivierung sendet das RAS Impulse durch das gesamte zentrale Nervensystem und versetzt dieses in Funktionsbereitschaft. Auf diese Weise werden die höheren Gehirnregionen in Aktionsbereitschaft versetzt und es kommt zu einer Aktivierung des gesamten Informationsverarbeitungsvorganges (s. Abb. 7). Der gesamte Organismus ist nun aufnahmebereit und wendet sich zielgerichtet dem Auslöserreiz zu. Diese verstärkte Gehirnaktivität führt dazu, dass aktivierende Inhalte fester und langfristiger im Gedächtnis verankert werden, und damit auch die Erinnerungsleistung erhöht wird. Die höchste Leistung erreicht der Mensch im Zustand der wachen Aufmerksamkeit (s. Abb. 8). So erinnern wir uns noch lange an einen Werbespot, der es geschafft hat, uns zu aktivieren. Meist können wir auch die beworbene Marke richtig zuordnen.

Es gibt verschiedene Wege, die Aufmerksamkeit des Users zu erlangen. Es ist sicherlich unbestreitbar, dass eine Website, die sich inhaltlich an Auto-Fans wendet, höhere Aufmerksamkeitschancen bei Autoliebhabern hat. Gleiches gilt für ein Angebot über die Pflanzenwelt, was Botaniker anziehen dürfte. Eine zielgruppengerechte Ansprache ist somit in jedem Fall sehr wichtig. Es gibt darüber hinaus jedoch auch Methoden zur Aktivierung der Aufmerksamkeit, die von individuellen Vorlieben eines Users weitestgehend unabhängig sind. Diese helfen uns, das Verhalten der User gezielt zu beeinflussen und die Kontaktwirkung unseres Internetangebotes wesentlich zu verbessern. Wir werden uns deshalb im Folgenden mit den verschiedenen Formen der aktivierenden Außenreize näher beschäftigen.

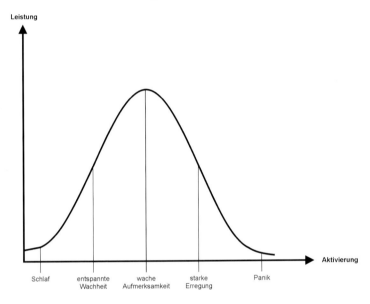

Abb. 8: Zusammenhang zwischen menschlicher Leistungsfähigkeit und Aktivierungsniveau des Organismus.[7]

2.2.2 Aktivierungstechniken

2.2.2.1 Aufmerksamkeitssteigerung

Wenn man Sie fragen würde, welche der beiden in Abb. 9 darge- stellten Homepages Sie eher dazu animiert, näher in das Internet- angebot hineinzuklicken, so ist zu vermuten, dass Ihre Wahl auf das untere Angebot in Abb. 9 fallen würde. Durch den Einsatz

39

zahlreicher Aktivierungsmethoden hat die dargestellte Homepage **Kontaktwirkung**.

Abb. 9: Welches der beiden Angebote aktiviert Sie eher?[8]

Auch die Werbung benutzt zur **Aufmerksamkeitssteigerung** Aktivierungstechniken. Ziel ist es, die geringe zur Verfügung stehende Kontaktzeit mit einer Anzeige oder einem Werbespot dazu zu nutzen, den Konsumenten vom dargestellten Angebot zu überzeugen. Dies gelingt nur, wenn sich der Endverbraucher auch mit dem Spot oder der Anzeige auseinander setzt. Um die Basis für diese Überzeugungsarbeit zu schaffen, muss schon der erste Kontakt genutzt werden, um dem Konsumenten ein „**Aha-Erlebnis**" zu bieten.

Zur gezielten Aufmerksamkeitssteigerung des Empfängers werden drei grundsätzliche Wege zur Aktivierung unterschieden. Diese werden in der Praxis häufig kombiniert eingesetzt, wobei sich dann die aktivierende Wirkung erhöht. Die unterschiedlichen Aktivierungstechniken werden im Folgenden näher vorgestellt.

2.2.2.2 Physisch intensive Reize

Die Aktivierung mit **physisch intensiven Reizen** erfolgt vor allem durch große, laute und bunte Reize, die den User zum Hinsehen bewegen. Neben den bereits genannten Eigenschaften bestechen physisch intensive Reize vor allem durch Kontrast, Klarheit und Prägnanz. Die Prägnanz des Reizes ist besonders wichtig, da seine Wirkung „wie ein Blitz" beim Betrachter einschlagen soll.

Ein prägnanter Reiz hebt sich klar von seinem Umfeld ab (hoher Figur-Grund-Kontrast) und zeichnet sich durch eine hohe Geschlossenheit aus. Wenn beide Eigenschaften erfüllt sind, ist er schnell zu erkennen. So beruht beispielsweise die Kontraststärke eines Bildes vor allem auf dem Hell-Dunkel-Kontrast. Ist das vorhandene Bild farbenfroh, fällt es häufig schwer, zu entscheiden, ob es sich um ein kontrastreiches, d.h. aktivierendes Bild handelt, oder nicht. In einer solchen Situation hilft es, das Farbbild auf einen S/W-Kopierer zu legen. Anhand der Kopie wird der Kontrast des Bildes schnell deutlich.

Ein Beispiel soll dies verdeutlichen: Das linke Bild in Abb. 10 ist wenig kontrastreich – es aktiviert daher schlechter als das rechte Bild, das kontrastreich ist und einen großen Bildausschnitt zeigt.

Abb. 10: Vergleich zur Kontraststärke von Bildern.[9]

Bereits zu Beginn des letzten Jahrhunderts haben Forscher die Aktivierungskraft physisch intensiver Reize beweisen können. Die Medienbranche weist auch heute noch in aktuellen Studien auf die große Aktivierungsstärke von **farbigen Anzeigen** und **großformatigen Anzeigen** hin. Umso mehr verwundert es, dass diese Art der Aktivierung heutzutage eher wenig professionell oder gar nicht eingesetzt wird. Die Aktivierung durch physisch intensive Stimuli hat den Vorteil, dass sie auf fast alle Menschen wirkt und nahezu für alle Angebote genutzt werden kann. Dabei bietet sich diese Art der Aufmerksamkeitssteigerung insbesondere für Homepages im Bereich der Pharmaindustrie, bei Investitionsgütern und technischen Produkten an, da hier nicht so leicht auf alternative Aktivierungswege zurückgegriffen werden kann.

Wie lässt sich diese Art der Aktivierung nun konkret nutzen? Zum einen wirken **großflächige satte Farben** aktivierend. Eine Homepage, deren Hintergrund aus nur einem einzigen Farbton besteht, fällt automatisch auf. Zum anderen hat aber auch die plakative Kombination mehrerer Farbtöne einen aktivierenden Effekt. Allerdings sollte die gewählte Hintergrundfarbe zur Corporate Identity und Firmenphilosophie passen und die Lesbarkeit der auf der Homepage befindlichen Texte nicht beeinträchtigen. Die in Abb. 11 dargestellte Homepage wirkt durch den Gebrauch der grellen Hintergrundfarbe stark aktivierend.

Da eine einheitliche Hintergrundfarbe die Strukturierung der Seiteninhalte erschwert und dies die Aufnahme der Informationen stark beeinträchtigt, bietet es sich eher an, satte oder grelle Farbtöne gezielt auf der Seite einzusetzen. Wenn in einem Firmenlogo eine grelle Farbe vorhanden ist, kann diese beispielsweise gut sichtbar und ggf. in Form des vergrößerten Logos direkt auf der Homepage eingebunden werden. Abb. 12 zeigt eine Homepage, auf der die grell gelbe Unternehmensfarbe aktivierend platziert worden ist, indem ein Teil des Firmennamens (der Buchstabe Q) überproportional herausgestellt wurde. Damit ist dem **visuellen „Hingucker-Effekt"** bereits zugenüge Rechnung getragen.

Abb. 11: Aktivierungsbeispiel durch Hintergrundfarbe.[10]

Abb. 12: Beispiel für den gezielten Einsatz farblich intensiver Reize.[11]

Bei der Arbeit mit Hintergrundtönen, kann man eine Eingangs-
fanfare oder einen plötzlichen Hintergrundton beim Aufruf der
Seite abspielen lassen. Doch Vorsicht! Wie bei allen Aktivierungstechniken gilt auch hier, dass mit der Aktivierung nicht übertrieben

werden sollte. Das Ziel ist es, die potenziellen Kunden zu ermuntern, etwas länger auf den Internetseiten zu verweilen. Daher sollte man diese nicht von vornherein verschrecken. Ein Kunde, der die Seiten erstmalig aufruft, wird von einer Hintergrundfanfare vielleicht noch positiv angetan sein, diese aber bereits nach dem zweiten Besuch nur noch als Nerverei empfinden. So ertönt beispielsweise bei *jedem* Seitenaufruf innerhalb eines Teilbereichs im Online-Angebot eines Mobilfunkbetreibers ein Hintergrundgeräusch (hier: Frauen reden und Vogelgezwitscher, s. Abb. 13). Da die Seiten während eines Besuches für die Durchführung bestimmter Transaktionen mehrmals aufgerufen werden müssen, ist diese Geräuschkulisse nach kurzer Zeit unangenehm.

Abb. 13: Beispiel für eine Homepage mit störenden Hintergrundgeräuschen.[12]

Nach Möglichkeit sollte daher ein Hintergrundgeräusch nur beim Anwählen der jeweiligen Hauptseite abgespielt werden. Auf diese Weise ist sichergestellt, dass der User nicht zu oft damit in Berührung kommt.

Alternativ ist der Einsatz von **Hintergrundmusik** möglich, was im Netz ebenfalls vermehrt anzutreffen ist. Hier bietet es sich an, dem User verschiedene Musikstücke zur Auswahl zu stellen. Allerdings sollte nicht darauf verzichtet werden, ihm ebenfalls die Möglichkeit zu geben, die abgespielte Musik auch einfach abzustellen. Abb. 14 verdeutlicht, wie man dieses Feature unaufdringlich auf einer Homepage einbinden kann.

Abb. 14: Beispiel für die unaufdringliche Einbindung des Musikmenüs.[13]

Wenn Bildelemente zur Aktivierung eingesetzt werden, sollten diese so einfach wie möglich gestaltet sein. Hierbei spielt der Bildausschnitt eine besondere Rolle. Hier gilt die einfache Faustformel: je größer der Bildausschnitt, desto stärker die Aktivierung. Daher bietet sich der Einsatz von Nahaufnahmen an. Übersichtsaufnahmen (Totalen) ohne klaren Bildschwerpunkt haben oft nur ein geringes Aktivierungspotenzial, da es den Augen des Betrachters nicht möglich ist, sich in der kurzen Kontaktzeit auf einen speziellen Reiz zu fokussieren und so die Kontaktwirkung des Bildes buchstäblich verpufft. Großaufnahmen sind deutlicher und die einzelnen Elemente entfalten eine stärkere Wirkungskraft. Auch ist die Größe der zentralen Abbildung im Verhältnis zum Text bzw. des sichtbaren Bildschirmausschnitts von großer Bedeutung. So gilt auch hier: je größer, desto aktivierender der Bildinhalt.

Auch wenn bei der Gestaltung einer Homepage physisch intensive Reize nicht bewusst eingesetzt werden sollen, bedarf diese Art der Aktivierung dennoch besonderer Beachtung: Ihre Wirkung ist erheblich schwieriger einzuschätzen, als bei den anderen beiden noch vorzustellenden Aktivierungstechniken und kann daher unbewusst die Atmosphäre der Gesamt-Homepage trotzdem beeinflussen. Der Grund hierfür liegt in der biologischen Verankerung physisch intensiver Reize im Menschen. Diese sorgt dafür, dass derartige Reize automatisch und damit unbewusst wirken. Ein Beispiel ist die Bedeutung der Farbe Rot, die uns dazu bringt, anzuhalten, oder Blut und Gefahr (aber auch Liebe) signalisiert. So sollten unbewusste Signalwirkungen einer Homepage verhindert werden, indem die Gestaltungselemente der Seite auf mögliche ungewollte physische Reizwirkung hin im Vorwege überprüft werden.

2.2.2.3 Überraschendes Wahrnehmungsmaterial

Die Aktivierung mit Hilfe von **überraschendem Wahrnehmungsmaterial** entfaltet ihre Wirkung dadurch, dass sie gegen vorhandene Erwartungen und Schemavorstellungen verstößt und so bei den Betrachtern gedankliche Konflikte auslöst. Es gibt viele Möglichkeiten, diese Art der Aktivierungstechnik gezielt einzusetzen. Sie stellt die menschliche Wahrnehmung und das Verständnis vor unerwartete Aufgaben. Dazu zählt das bewusste gedankliche Auslösen von Überraschung, Neuartigkeit, Komplexität, Verfremdung und Widersprüchen.

Abb. 15: Eine Maus als Animateur – Beispiel für einen visuell überraschenden Reiz.[14]

Die Aktivierung erfolgt damit kognitiv. Im Vergleich zur Wirkungsweise der anderen Aktivierungstechniken erfolgt die kognitive Aktivierung nicht so spontan wie bei der emotionalen und physischen Aktivierung, da ihr eine kurze gedankliche, innere Auseinandersetzung vorausgeht. Eine Maus als Animateur (s. Abb. 15) ist hierfür ein Beispiel. Zu bedenken ist, dass sich die **kognitive Aktivierung** relativ schnell abnutzt, da der Reiz sich nur beim Erstkontakt voll entfalten kann. Danach hat der Betrachter den dargestellten Widerspruch bereits verarbeitet und für sich gelöst, sodass der Folgekontakt nicht mehr zu einer aufmerksamkeitssteigernden

Verwunderung führt. Wer **gedankliche Reize** längerfristig einsetzen möchte, sollte daher im Voraus eine große Anzahl von unterschiedlichen Motiven mit der gleichen Grundidee produzieren, um diese dann nach und nach einzusetzen.

Die professionelle Werbung bedient sich solcher Techniken. So gestaltete die Agentur JUNG VON MATT im Jahre 2000 die WELLA-Kampagne mit einer neuen Branding-Idee. Das schöne, mit Wella-Produkten gepflegte Haar wurde zum Markenartikel, indem mitten ins Haar ein Markenlabel platziert wurde (s. Abb. 16).

Abb. 16: Das Haar als Markenprodukt – eine ungewöhnliche Darstellungsidee.[15]

Andere werbende Unternehmen integrieren Gegenstände im Gesamtbild, die in der dargestellten Umgebung eigentlich nichts zu suchen haben, wie z.B. ein Kühlschrank inmitten einer Iglustadt, eine Skifahrerin im Bikini während der Abfahrt oder es wird ein Baby abgebildet, das sich rasiert. Sehr gerne werden auch Dinge entfremdet dargestellt: Statt eines Menschenkopfes erscheint an besagter Stelle ein menschlicher Fuß oder ein Schweinekopf oder ein menschlicher Frauenkopf sitzt auf einem Pantherkörper usw. Abb. 17 zeigt eine Frau in Abendkleidung mit Bauarbeiterhelm auf einem Sofa aus Katalogen. Derartige Darstellungen lenken automatisch Blicke auf sich.

Abb. 17: Frau mit Bauarbeiterhelm und Abendgarderobe – weiteres Beispiel für einen überraschenden Reiz.[16]

Auch können sog. **Rätselüberschriften** für einen Aha-Effekt sorgen und den User zum längeren Verweilen auf einer Internetseite aktivieren, so z.B. die Überschrift zu einem Reifenhersteller: Hat der Vorstand noch genügend Profil? Oft entsteht die gedankliche Spannung erst richtig im Zusammenspiel zwischen dem Text, der Überschrift und dem dargestelltem Bild auf der Homepage. Doch Forschungsergebnisse haben gezeigt, dass derartige Rätselüberschriften die Wahrnehmung der Gesamtbotschaft der Seite auch wesentlich erschweren können. So ist das Risiko doch recht hoch, dass *wenig involvierte* Empfänger schnell weiter klicken. Generell sollte daher versucht werden, das Verständnis der Rätselüberschrift schnell auf den Kern der Werbebotschaft zu lenken.

Beim Einsatz der genannten Aktivierungstechnik gibt es Folgendes zu bedenken: Untersuchungen haben ergeben, dass die Reize am stärksten wirken, die noch einen gewissen Anteil an Vertrautem enthalten. Nachteilige Assoziationen wie etwa Lächerlichkeit oder das Gefühl der Unwirklichkeit durch zu starke Übertreibung sollten vermieden werden, da sich dies nachteilig auf das Image einer Homepage auswirkt. Empfehlenswert ist der **Einsatz der kognitiven Aktivierung bei Zielgruppen mit hohem Produktinteresse**. Durch das höhere Interesse an den Produkteigenschaften erweitert sich die Palette der einsetzbaren, gedanklichen Konfliktpotenziale. Damit erhöht sich die Bereitschaft, beim Erkennen des überraschenden Wahrnehmungsmaterials etwas länger hinzuschauen und sich gedanklich mit der Lösung des inneren Widerspruchs zu befassen.

2.2.2.4 Emotionale Ansprache

Der Einfluss von **Emotionen** auf das menschliche Verhalten wurde von der Forschung und in der Werbepraxis lange vernachlässigt. Heutzutage stellt die Beeinflussung der Konsumenteneinstellung mit Hilfe von **emotionalen Reizen** das meist benutzte Mittel dar. Die Aktivierung in Form der **emotionalen Ansprache** ist deshalb so beliebt, weil sich die eingesetzten Reize – anders als bei den anderen vorgestellten Aktivierungstechniken – in ihrer Wirkung nicht abnutzen und daher immer wieder eingesetzt werden können.

Die Emotion ist ein innerer Erregungszustand, der wohl jedem bekannt ist. Er zeichnet sich durch einen vorübergehenden, nicht regelmäßig wiederkehrenden Empfindungszustand aus, der von uns als angenehm oder unangenehm empfunden wird und sowohl bewusst oder auch unbewusst erlebt wird. Emotionen können unser **Aktivitätsniveau anregen** (z.B. bei Freude oder Interesse) **oder reduzieren** (beispielsweise bei Trauer, aber auch bei Zufriedenheit) und repräsentieren unsere Gefühlslage bzw. Stimmung (s. Abb. 18).

Angeborene Emotionen:
Interesse
Freude, Vergnügen
Überraschung, Schreck
Kummer, Schmerz
Zorn, Wut
Ekel, Abscheu
Geringschätzung, Verachtung
Furcht, Entsetzen

Emotionale Appelle:
Erfolg, Leistung
Prestige, Exklusivität
Ungebundenheit, Abenteuer
Erotik, Sinnlichkeit
Jugendlichkeit
Sportlichkeit, Aktivität
Genuß, Lebensfreude
Gesundheit, Frische, Natur
Traumwelt, Exotik
Überraschung und Humor
Gemütlichkeit, Bequemlichkeit
Freundschaft, Geselligkeit
Geborgenheit, trautes Heim
(kühle) Sachlichkeit
Tradition und Zuverlässigkeit

Abb. 18: Emotionale Appelle im Überblick.[17]

Die zunehmende **Sättigung der Märkte** und die große Anzahl an funktional **austauschbaren Produkten** haben zu einer Veränderung des Kauf- und Konsumverhaltens der Menschen geführt, deren Auswirkungen wir schon seit einigen Jahren beobachten können. Die Verbraucher sehnen sich zunehmend nach Individualität und Einzigartigkeit. Dieses Streben kann als Antwort auf die zunehmende Gleichförmigkeit im Lebensstil verstanden werden. Diese Rahmenbedingungen stellen neue Anforderungen an das Marketing in den Unternehmen.

Die Kaufentscheidung für die überwiegende Anzahl an Produkten und Dienstleistungen hängt heutzutage zu einem großen Teil von dem **emotionalen Zusatznutzen** ab, den die Konsumenten aus der Werbung zu diesen Produkten ableiten. Die vermittelten Erlebniswerte treffen auf Gefühle und Erfahrungen, die beim Kunden verankert sind. Diese sinnlichen Konsumerlebnisse sind es, die für den Einzelnen einen realen Beitrag zur Lebensqualität leisten. Schon jetzt bezeichnen sich bereits über 50% der Menschen in Deutschland als **Erlebniskäufer** – mit steigender Tendenz. Wenn man sich auf der einen Seite die große Anzahl an öffentlichen Schwimmbädern vor Augen führt, die aufgrund Besuchermangels schließen müssen, und auf der anderen Seite die Entstehung zahlreicher Erlebnis-Thermen beobachtet, so bestätigt sich hier die gerade beschriebene Entwicklung. Die Menschen geben sich nicht mehr mit einer funktional gestalteten Schwimm-Umgebung zufrieden. Sie wollen für die Dauer ihres Aufenthalts in eine Erlebniswelt entführt werden, die von Palmen und Urlaubsatmosphäre geprägt ist.

Die **Ansprache der Gefühle und Motive** in Form von emotionalen Reizen kann auf zweierlei Arten erfolgen und zu erhöhter Aufmerksamkeit führen: zum einen in der Schaffung eines angenehmen Wahrnehmungsklimas, zum anderen in Form der konkreten Vermittlung von Erlebnissen.

Die **atmosphärische Wirkung** von emotionalen Gestaltungselementen sollte nicht unterschätzt werden. Wenn die Homepage den potenziellen Kunden gefällt, dann ist bereits die Basis dafür geschaffen, dass das Unternehmen positiv bewertet wird.

Bei der Schaffung eines **angenehmen, emotionalen Klimas** wirkt der emotionale Reiz im Hintergrund und wird vom Betrachter nur peripher registriert. Ziel ist es, angenehme Gefühle beim User zu wecken. Er soll sich wohl fühlen und länger auf Ihren Seiten verweilen. Dies ist zu vergleichen mit der großen Bedeutung einer angenehmen Ladengestaltung im Einzelhandel. Der positive Einfluss auf den Umsatz ist unbestritten. Nicht ohne Grund versuchen beispielsweise Buchläden gemütliche Sitzecken oder Kaffee-Bars zu integrieren, um die Kunden zu längeren und wiederholten Besuchen zu animieren.

Abb. 19: Diese Homepage lädt aufgrund der positiven, emotionalen Stimmung zum Verweilen ein. [18]

Eine emotional positiv bewertete Umgebung beeinflusst zudem die Informationsaufnahme des potenziellen Kunden. Personen, die sich wohlfühlen, nehmen Informationen insgesamt positiver wahr. Gegenargumente werden weniger beachtet und die positiven Argumente verankern sich stärker im Gedächtnis. Zahlreiche Untersuchungen haben ergeben, dass eine emotionale Ansprache große Auswirkungen auf die Gedächtnisleistung hat.

Die zweite wesentliche Wirkung emotionaler Reize ist die **Erlebnisvermittlung**. Die inhaltliche Grundidee, hinter dem zu vermittelnden Erlebnis auf den Internetseiten sollte sich von der strategischen Produkt- bzw. Unternehmenspositionierung ableiten. Aus Sicht der Kunden entsteht auf diese Weise ein einheitliches Bild. So ist sichergestellt, dass auch im Internet die Marke konsequent weitergeführt wird. Bei einem Hersteller von Naturprodukten kann es sich anbieten, bei der Ladengestaltung stark auf Naturelemente zu setzen. Hier passen solide Holzregale besser ins Bild als designte Stahlregale. Die Naturverbundenheit dieses Herstellers sollte bei der Gestaltung der Internetseiten ebenfalls berücksichtigt werden. Hierzu eignet sich z.b. die Umsetzung des Erlebnisses „Reinheit der Natur", indem beispielsweise eine naturbelassene Blumenwiese dargestellt wird oder ein Wasserfall, der in einem kristallklaren Flusslauf mündet.

Wenn ein bestimmtes emotionales Erlebnis wiederholt in Zusammenhang mit einem Produkt dargestellt wird, beeinflusst dies das Image des Angebots. Voraussetzung hierfür ist, dass das vermittelte Erlebnis nicht im Widerspruch zu der Unternehmenskultur, Produktphilosophie oder den Gepflogenheiten in der Branche steht. Dieser emotionale Imagetransfer wird auch als **emotionale Konditionierung** bezeichnet. Dieser positive Effekt kann auch bei der Gestaltung einer Homepage bewirkt werden. Ein erfolgreiches und gern zitiertes Beispiel hierfür ist die Werbung für Marlboro-Zigaretten. Den Rauchern wird suggeriert, dass ihr Leben genauso frei und voller Abenteuer ist, wie das der Cowboys aus den Marlboro-Werbefilmen oder Anzeigenmotiven. Sie rauchen keine Zigarette, sondern ein Lebensgefühl. Ein weiteres Beispiel zeigt Abb. 20. Das Produktimage „schnelle Wagen" wird im Bild auf der Homepage aufgegriffen und trägt so zur emotionalen Konditionierung bei.

Abb. 20: Beispiel für eine gelungene emotionale Konditionierung.[19]

Das **Erlebnisprofil** hilft, sich von der Konkurrenz abzuheben und sollte bei jedem Kundenkontakt aufrecht gehalten werden. Nutzen Sie diesen Vorteil für die Internetgestaltung. Stellen Sie den wesentlichen Vorteil Ihres Produktes in einer emotionalen Weise dar. Damit schaffen Sie eine besondere Beziehung zum Bedürfnis Ihres Kunden. Ihr Angebot wird weniger austauschbar zu dem der Konkurrenz und auch besser im Gedächtnis behalten.

Welche Mittel zur emotionalen Aktivierung stehen nun zur Verfügung? Bei den Vorüberlegungen zur aktivierenden Gestaltung Ihrer Homepage müssen Sie zunächst beachten, welche Gestaltungsformen Ihnen das Medium Internet bietet. Bei der Gestaltung Ihrer Geschäftsräume oder der Konzeption von Print-Anzeigen werden Sie auch andere aktivierende Elemente nutzen und einbinden, als auf Ihrer Homepage. Nur wenn Sie die medienspezifischen Möglichkeiten voll ausschöpfen, lässt sich die aktivierende Wirkung optimieren. Auch können Sie auf diese Weise die Offline- und Online-Auftritte Ihrer Firma unter **Nutzung der jeweils geeignetsten** Gestaltungsmittel optimal synergetisch ergänzen.

Emotionale Aktivierung kann visuell, akustisch, taktil und olfaktorisch geschehen und damit alle Sinne ansprechen. Mit den gegenwärtigen Möglichkeiten ist die Ansprache des Tastsinns und des Geruchsinns über das Internet noch nicht möglich. Sie können auch nicht mit 100%tiger Wahrscheinlichkeit erwarten, dass jeder Internetuser einen PC mit Soundkarte besitzt oder die Lautsprecher beim Besuch Ihrer Homepage eingeschaltet hat. Es ist aber davon auszugehen, dass der Anteil derer, die eine entsprechende Ausrüstung besitzen, stark zunimmt, da die Computer heutzutage mit integriertem Lautsprecher und Soundkarte verkauft werden. Im Vergleich zu den klassischen Medien bietet Ihnen das Internet eine große Flexibilität bei der Darstellung interaktiver **Erlebnisräume**, die den Kunden in Ihre Produktwelt eintauchen lassen.

Zahlreiche Forschungsergebnisse belegen, dass sich emotionale Reize am effektivsten visuell darstellen lassen. Dies kommt den Gestaltungsmöglichkeiten des Mediums Internet entgegen. Bilder haben eine hohe Aktivierungswirkung und ziehen die Blicke stärker an als andere Bestandteile der Homepage, wie z.B. Text. Blickaufzeichnungsuntersuchungen haben zudem gezeigt, dass der Blick länger auf einem Bild verweilt, als auf Textelementen. Die gedankliche Verarbeitung von Bildern hängt eng mit Gefühlen und Emotionen zusammen, daher können Bilder sehr gut emotionale Erlebnisse wiedergeben. Der große Vorteil von Bildern ist, dass sie emotional beeinflussen können, ohne der Kontrolle des Betrachters zu unterliegen. Auch die Werbung hat die Bedeutung von Bildern erkannt und nutzt diese in starkem Maße.

Für die emotionale Aktivierung gibt es grundsätzlich zwei Ansatzpunkte: Sie können emotionale Schlüsselreize verwenden oder an persönlich bedeutsame Erlebniswerte appellieren.

Die Aktivierung mithilfe **emotionaler Schlüsselreize** ist besonders wirksam. Der große aktivierende Erfolg der Schlüsselreize hängt damit zusammen, dass die grundlegenden Emotionen in unseren Erbanlagen verankert sind und daher biologisch vorprogrammierte Reaktionen im Menschen auslösen, denen sich kein Betrachter widersetzten kann. Ein Beispiel für einen Appell ist die Abbildung eines Babys oder von kleinen Kindern. Die typische Kopfform von Babys, die hohe Stirn und der überproportional große Hinterkopf, wecken in uns automatisch den **Beschützerinstinkt** und ziehen unsere Blicke instinktiv an (s. Abb. 21). Auch die Gesamtproportion des Körpers, bestehend aus dem verhältnismäßig großen Kopf und kurzen Gliedern, löst in uns Reaktionen aus. Sehr häufig umspielt auch ein Lächeln unsere Lippen, wenn wir auf Kinderbilder stoßen, und unsere Stimmung hebt sich.

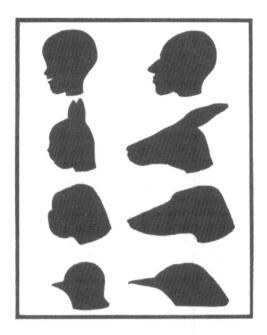

Abb. 21: Gegenüberstellung von jungen und ausgewachsenen Kopfformen – die jungen aktivieren beim Betrachter automatisch das Kindchenschema.[20]

Der aktivierende Erfolg beim Einsatz von Kinderbildern wird zusätzlich dadurch verstärkt, dass Abbildungen von menschlichen Gesichtern an sich bereits eine große Aufmerksamkeitswirkung ausüben. Darstellungen von Mimik, **lächelnden Menschen** und insbesondere **Augen** ziehen automatisch den Blick des Betrachters auf sich. Vor allem freundlich blickende, direkt zum Betrachter schauende Augen sind ein wirksames Instrument, um spontan Aufmerksamkeit auszulösen. Gleiches gilt für den Einsatz **ero-**

tischer Stimuli. Die Abbildung einer leicht bekleideten Frau oder des weiblichen Busens bewirkt eine starke Aufmerksamkeitssteigerung, die sich von allen emotionalen Schlüsselbildern am wenigsten abnutzt (s. Abb. 22).

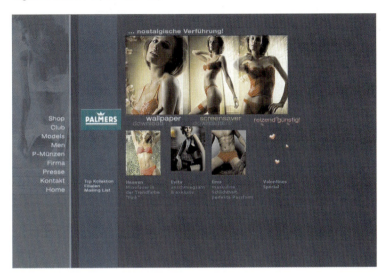

Abb. 22: Beispiel für einen gezielten Einsatz erotischer Stimuli.[21]

Auch kann man unter Einsatz von vorzeitlichen Figuren, der sog. **Archetypen**, erhöhte Aufmerksamkeit schaffen. Bei der Verwendung von Motiven, in die z.B. Feen und Märchenfiguren integriert sind, wird an die Traumbilder vieler Menschen appelliert und damit der Reiz geschaffen, sich näher mit der Abbildung zu beschäftigen. Abb. 23 enthält beispielhaft eine Übersicht über gängige Schlüsselreize.

Die aktivierende Wirkung emotionaler Schlüsselreize lässt sich durch Modellnachbildungen noch verstärken, welche den jeweiligen Aufmerksamkeitsstimulus übertrieben herausstellen. Dies kann z.B. in Form einer stark vergrößerten weiblichen Brust geschehen. Auch beruht hierin u.a. der Erfolg der Cartoon-Figur Mickey Mouse, die sich insbesondere durch ihre im Verhältnis zum Kopf und Körper überproportional großen Augen auszeichnet. Diese Darstellung weckt im menschlichen Betrachter instinktiv den Beschützerinstinkt, da die Proportionen der Figur wie bereits beschrieben das **Kindchenschema** aktivieren.

Abb. 23: Übersicht über einsetzbare emotionale Schlüsselreize.[22]

Die zweite Möglichkeit an die menschlichen Gefühle zu appellieren, ist die Ansprache von **persönlich bedeutsamen Erlebnis-**

werten. Hier spielen all jene Emotionen eine Rolle, die im Laufe des Lebens erfahren und damit erlernt worden sind. So hat sich die persönliche emotionale Haltung gegenüber der Umwelt beispielsweise zunächst über die **Erziehung**, später über **soziale Lernprozesse**, sowie beim Umgang mit Gegenständen herausgebildet.

Bei dieser Art der Aktivierung werden für die Betrachter **persönlich bedeutsame Reize** gezielt angesprochen. So beeinflusst die Darstellung einer Personenwaage nur kalorienbewusste Menschen. Es können aber auch Emotionen eingesetzt werden, die eine größere Anzahl von Usern ansprechen. Dies ist z.b. bei der Darstellung von „Familienglück" oder „Frische" der Fall. Das „Familienglück" könnte durch die Abbildung einer jungen Familie, bestehend aus glücklichen Eltern mit kleinen Kindern, illustriert werden. Der Appell wirkt hierbei zweifach, da zudem an das Kindchenschema appelliert wird. Das „Frischegefühl" lässt sich durch klares, blaues Wasser oder entsprechende Naturabbildungen darstellen.

Bei der Ansprache höherer emotionaler Erlebniswerte wird gezielt an die inneren Bilder appelliert, die wir uns symbolisch von diesen Emotionen machen. Unter diese Form der Aktivierung fällt auch der Einsatz von berühmten Personen (**Testimonials**), die auf Internetseiten abgebildet werden. Hier aktiviert das Gefühl der Vertrautheit. Der User denkt im ersten Moment: „Den kenn´ ich doch!", und wendet sich der Darstellung zu. Der gleiche Effekt kann mit gleich bleibenden Hintergrundmusiken oder dem Einsatz von **Jingles** aus der Hörfunk- oder Fernsehwerbung erzielen. Wurde z.B. eine bestimmte Melodie bereits des Öfteren in zeitlichem Zusammenhang mit der Nennung eines Firmen- oder Produktnamens eingesetzt, denkt auch der User im Internet automatisch an diesen, wenn die Melodie bei Aufruf der Seite im Hintergrund erklingt. Ein Beispiel ist die prägnante Notenfolge am Ende jeder Telekom-Werbung.

Wissenschaftler haben herausgefunden, dass die individuelle Wirkung emotionaler Bilder je nach Herkunft des Reizes unterschiedlich ist. Während die Ansprache biologisch vorprogrammierter Schlüsselreize bereits schon stark aktiviert, ist ein Appell an kulturelle Bräuche noch aktivierender. Die größte Aufmerksamkeit erreicht man aber mit speziell auf die eigene Zielgruppe ausgerichteten Reizen (s. Abb. 24). So kann man die Blicke eines fußballinteressierten Mannes mit der Abbildung „seines" Fußballklubs immer auf seine Homepage lenken.

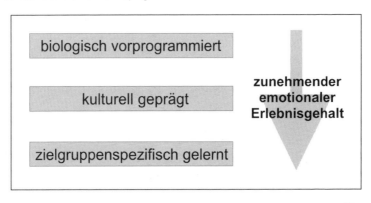

Abb. 24: Zunahme der Reizwirkung in Abhängigkeit der Reizherkunft.[23]

Es sollte beim Einsatz emotionaler Stimuli also beachtet werden, dass der Erfolg der eingesetzten Erlebnisbilder stark von situativen und kulturellen Rahmenbedingungen abhängt. Verspürt der Betrachter einer Homepage beispielsweise starken Durst, und befindet er sich zudem gerade in einer sehr heißen Umgebung, wird er intensiver von der Abbildung eines eisgekühlten Getränks angesprochen, als wäre dies nicht der Fall. Gleiches gilt für Abbildungen, die sich der gängigen **Nationalitäts-Stereotypen** bedienen. Während US-Amerikaner sich alle Deutschen im Dirndl und in bayrischen Bierzelten vorstellen, verkörpert ein Bild strahlendweißer Häuser mit blauen Dächern und klarem, blaugrünem Meer für Nordeuropäer automatisch das Gefühl von Urlaub und Entspannung, da wir uns so das typische Griechenland vorstellen. Die gleiche Darstellung könnte auf User aus anderen Ländern die beabsichtigte Wirkung verfehlen oder gar eine gegenteilige Reaktion auslösen. Es sollte bei der Gestaltung einer Homepage daher immer beachtet werden, dass diese Seiten im Internet weltweit erreichbar sind.

Da der Grad der Aktivierung vom subjektiven Reizempfinden abhängt, ist es daher umso bedeutender, dass die **Zielgruppenaffinität** der eingesetzten aktivierenden Gestaltungsmittel immer beachtet wird. Deshalb ist zu überlegen, ob stark aktivierende Stimuli für die Zielgruppe insgesamt positiv wirken. Falls das nicht der Fall ist, sollte man sich vielleicht eher auf zielgruppenunabhängige Stimuli beschränken.

2.2.2.5 Chancen und Risiken von Aktivierungstechniken

Die **Aktivierungskraft der Homepage** stellt die Basis für den Verkaufsprozess dar, ist aber noch kein Garant für den Verkaufserfolg wie die folgenden Kapitel zeigen werden. Ein großer Vorteil des Mediums Internet besteht darin, dass sich ein Online-Shop-Betreiber im Allgemeinen einem involvierten Kundenkreis gegenübersieht. Dieses grundsätzliche **Involvement** unterstützt den Verkaufsprozess. Dazu kommt, dass die Homepage im Moment ihrer Betrachtung eine Alleinstellung genießt. Anders als Print-Anzeigen in Zeitungen oder Zeitschriften, kann sich die aktivierende Wirkung der Homepage voll entfalten, ohne dass eine andere Homepage im direkten Vergleich um die Aufmerksamkeit des Betrachters ringt.

Obwohl die genannten Aktivierungstechniken durch ihre starke biologische Vorprogrammierung bei fast allen Menschen zur Erhöhung der Aufmerksamkeit führen, ist die Größe des Einflusses nicht bei jedem Kontakt identisch. Das subjektive Reizempfinden hängt auch mit der **selektiven Wahrnehmung** der Menschen zusammen. Wir horchen auf, wenn wir auf Informationen treffen, die uns helfen, ein aktuelles Bedürfnis zu befriedigen. So ist die Wahrscheinlichkeit höher, dass wir ein Hinweisschild auf einen näher gelegenen Gasthof bemerken, wenn wir hungrig sind. Das Gleiche gilt für unsere Aufmerksamkeit, wenn wir als Formel-1-Fan ein Bild des neuesten Fahrzeugs von Ferrari zu Gesicht bekommen. Mit der bewussten Steuerung der selektiven Wahrnehmung kann man die Aktivierungskraft einer Homepage steigern, indem die Bedürfnisse der Zielgruppe mit eingebunden und gezielt Aktivierungselemente eingesetzt werden, die auf die Vorlieben der Kunden abgestimmt sind.

Ebenso wichtig ist es, die Strategie, die Ihre Firma mit dem Vertriebsweg Internet verfolgt, nicht außer Acht zu lassen. So sollten die aktivierenden Gestaltungselemente im Idealfall den Vorteil des Angebots herausstellen. Ist dies nicht möglich, sollte zumindest versucht werden, nicht aktivierende Informationselemente mit aktivierenden Bestandteilen so zu verbinden, dass sie als Einheit wahrgenommen werden. Bei stark aktivierenden Reizen wie z.b. erotischen Abbildungen kann es ansonsten leicht passieren, dass diese von der eigentlichen Botschaft der Internetseite ablenken. Die erotische Abbildung ist dann im Gedächtnis des Betrachters verankert, aber er kann im Nachhinein keine Auskunft mehr darüber geben, auf welcher Homepage er diese gesehen hat. An Ihre Verkaufsbotschaft erinnert er sich damit erst recht nicht.

Abb. 25: Beispiel für eine reizüberfrachtete Seite.[24]

Bei all dem Streben nach einer aktivierenden Homepage sollte eine **Reiz-Überfrachtung** des Konsumenten **verhindert** werden. Eine große Anzahl von Reizen auf der Seite würde in Kombination mit der nur kurz zur Verfügung stehenden ersten Kontaktzeit dazu führen, dass der Betrachter sich irritiert von der Seite abwendet, da die Aufnahme der dargebotenen Inhalte nicht möglich ist (s. Abb. 25). Im Idealfall sind die gewählten Reizkombinationen auf die Verkaufsbotschaft abgestimmt und widersprechen nicht der Firmenphilosophie.

So ist beispielsweise die Einbindung eines Babys bei der Werbung für einen Familienwagen sinnvoll, wohingegen die Abbildung eines niedlichen Babys auf einem sportlichen Zweisitzer-Wagen unzweckmäßig ist. Begegnet der User wiederholt Reizen, die aus seiner Sicht nicht zur dargestellten Marke passen, wird er irritiert.

Derartige Irritationen sollten auf jeden Fall vermieden werden, da nachgewiesen wurde, dass die Akzeptanz für das Dargestellte, sowie die Überzeugungskraft stark abnehmen, und sich dies negativ auf die Kaufabsicht auswirkt.

Die folgenden Aktivierungswege sollten vermieden werden, um Irritationen vorzubeugen:

- vordergründige, aufdringliche Argumente,
- Hinweise auf unliebsame Konsequenzen bei Nichtgebrauch des dargestellten Produktes,
- aufdringliche, geschmacklose oder gar peinliche Aktivierungsanreize.

So ist z.b. die Abbildung von Menschen, die von ihrer Krankheit gezeichnet sind, geschmacklos und der Einsatz von zu lauter Musik zu aufdringlich. Auch hat die Einbindung eines (vulgär) erotischen Reizes auf der Homepage außerhalb des Sex-Business eher einen irritierenden Charakter, als dass sie der Aktivierung dient. Abb. 26 verdeutlicht dies beispielhaft. Der entblößte Busen einer Frau in aufreizender Pose lenkt vom eigentlichen Inhalt des Internetangebotes eines Versandhandels für Sportbekleidung ab und vermittelt den Eindruck, an dieser Stelle unpassend zu sein.

Abb. 26: Beispiel für einen irritierenden Reiz.[25]

Studienergebnisse zeigen, dass **positive Stimuli** einen höheren Aktivierungsgrad besitzen als negative Stimuli, wie z.B. der Einsatz von Angstauslösern. Obwohl der **Angstappell** in einigen Branchen, wie beispielsweise im Versicherungsgewerbe und bei Zahnpflege-Produkten mit Erfolg eingesetzt wird, ist hier die Gefahr groß, dass der Betrachter der dargestellten Information mit Ablehnung (Reaktanz) begegnet und diese verdrängt.

2.2.3 Personalisierung des Angebots

Eine weitere Technik zur Aufmerksamkeitssteigerung stellt die **Individualisierung bzw. Personalisierung** des Angebots dar. Individualisierung bedeutet in diesem Zusammenhang, dass sich das Internetangebot entweder an die individuellen Vorlieben des Users oder an die vorhandenen Fähigkeiten des vor dem Bildschirm Sitzenden anpassen lässt.

Ein Internetangebot lässt sich z.b. im Hinblick auf eine individuelle Begrüßung nach erfolgtem Log-In individualisieren. Wenn Sie keinen Log-In-Zugriff zu Ihren Seiten haben, dann ist eine namentliche Begrüßung nicht möglich. In diesem Fall bietet sich zumindest eine Begrüßungsformel an, in der Sie Ihre Kunden zu einer (Interessens-)Gruppe zusammenfassen (s. Abb. 29).

Hilft Ihr Angebot bei unterschiedlichen Anliegen, kann Individualisierung auch bedeuten, dass auf der Seite **persönliche Einstellungen** der Seitenelemente vorgenommen werden können. So ist es möglich, sich die Seite so einzurichten, dass nur die genutzten Services im Vordergrund erscheinen und alles andere erst einmal ausgeklammert wird. Abb. 27 zeigt dasselbe Internetangebot eines Anbieters. Hier ist es möglich, das Layout der Seite auf die persönlichen Vorlieben abzustimmen, sowie die sichtbaren Inhalte nach Belieben anzuordnen oder auszublenden. Das obere Bild zeigt das Ursprungslayout, welches die Informationen in zwei Spalten aufgliedert – das untere Bild stellt das personifizierte Layout dar, welches mit der Hintergrundfarbe Gelb hinterlegt wurde und eine Drei-Spalten-Optik beinhaltet.

71

Abb. 27: Beispiel für Individualisierungsmöglichkeiten von Internetlayouts.[26]

Eine hochwertige Beratung der User kann weiterhin dadurch gegeben sein, dass die Website individuell für den Kunden aufbereitet wird und **individualisierte Angebote** gemacht werden. Als Grundlage dafür können Profile der Nutzer dienen. Diese **Profile** entstehen aus Kundendaten, die z.B. über Autorisierungen, Bestellformulare, Abfragen, Gewinnspiele oder Anmeldungen zu Chat-Rooms generiert und gespeichert werden.

Hobbys und Interessen

Sport

☑ Aerobic/Fitness	☐ Badminton	☐ Basketball
☐ Fahrrad/Mountainbiking	☐ Fußball	☐ Golf
☐ Handball	☐ Inline-Skating	☐ Jogging
☐ Kampfsport	☐ Motorradfahren	☐ Motorsport
☐ Reiten	☐ Schach	☐ Schwimmen
☐ Segeln	☐ Skifahren	☐ Snowboarden
☐ Squash	☑ Tanz/Tanzen	☐ Tauchen
☐ Tennis	☐ Tischtennis	☐ Volleyball
☐ Wandern	☐ Windsurfen/Surfen	

Reisen

☑ Kurztrips	☐ Fernreisen	☐ Kreuzfahrten
☑ Städtereisen	☐ Weltreisen	☐ Campingtouren
☐ Individualreisen	☑ Last Minute	☑ Pauschalreisen
☐ Abenteuerurlaub	☑ Bildung/Kulturreisen	☐ Aktivreisen
☑ Sprachreisen	☐ Bahnreisen	

Finanzen

☐ Aktien/Börse	☑ Immobilien	☐ Online-Brokerage
☐ Online-Banking	☐ Steuern/Recht	☐ Versicherungen
☐ Wirtschaftsinfos	☐ Kreditkarten	☐ Bausparen

Computer/Internet

☐ Hardware	☐ Software	☐ Programmierung
☐ Online-Zugangstarife	☑ Infosuche	☑ E-Mail
☐ SMS	☐ Chat	☐ Auktionen
☐ Shopping	☐ Gewinnspiele	☐ Online-Spiele
☐ Organizer / PDA	☑ Webdesign	☐ Downloads

Abb. 28: Beispiel für eine Abfrage von Benutzerinteressen.[27]

Einzelne Angebote oder ganze Sortimente können laufend aktualisiert werden, wenn die Produktinformationen über eine Datenbank zur Verfügung gestellt und Informationen über das Kaufverhalten aus vergangenen Online-Kaufsessions berücksichtigt werden. Dadurch kann ein aktuelles und für den Kunden bedarfsgerechtes Sortiment angeboten werden.

Wird der User mit einer **persönlichen Anrede** und auch auf seine Vorlieben angesprochen (s. Abb. 29), fühlt er sich vom Inhalt der Seite stärker angezogen.

Hallo liebe Weinfreunde!

Übersicht Hallo Nina, herzlich willkommen!

Abb. 29: Beispiele für Anrede-Formen auf einer Homepage.[28]

Die Anrede mit dem eigenen Namen, in dem ansonsten so anonymen Internetumfeld, suggeriert nicht nur Freundlichkeit. Viele Studien zeigen, dass die emotionale Verbindung für eine erfolgreiche Geschäftsbeziehung eine sehr große Bedeutung hat. Die Individualisierung durch namentliche Ansprache und das Eingehen auf persönliche Vorlieben des Surfers können den emotionalen Wert der Beziehung enorm erhöhen.

Die Aufmerksamkeitswirkung des eigenen Namens hat mit Sicherheit jeder schon einmal erfahren. So ist es jedem möglich, gezielt einer Unterhaltung etwas entfernt stehender Personen zu folgen, in der kurz vorher der eigene Name gefallen ist. Und das, obwohl man sich auf einer Party mit zahlreichen Anwesenden befindet, und aufgrund des Lärmpegels noch kurz vorher kaum den Aussagen des eigenen Gegenübers folgen konnte. Durch die Signalwirkung des eigenen Namens hat sofort eine instinktive, selektive Wahrnehmung in Form erhöhter Aufmerksamkeit eingesetzt.

Trifft der User auf Aussagen, die auf seine persönlichen Interessen abgestimmt sind und seine aktuellen Bedürfnisse ansprechen, haben diese erwiesenermaßen ebenfalls eine hohe Aufmerksamkeitswirkung.

Da wir in einer Zeit der Informationsüberlastung leben, dient eine selektive Informationswahrnehmung dem Schutz des eigenen Organismus. Informationsangebote, die nicht zur eigenen Bedürfnisbefriedigung dienen, werden von der Wahrnehmung ausgeblendet und daher leicht übersehen. Beschäftigt man sich gerade mit der Anschaffung einer neuen Waschmaschine, werden die neusten Testergebnisse verstärkt wahrgenommen. Gleiches gilt für aktuelle Informationen in allen eigenen Interessensgebieten. Sie können daher die Aufmerksamkeit Ihrer Kunden erhöhen, indem Sie **zielgruppenaffine Informationen** auf Ihrer Homepage anbieten.

Die genannten Effekte durch die persönliche Anrede des Users und die inhaltliche Personalisierung des Angebots lassen sich allerdings erst bei Folgebesuchen auf den Internetseiten nutzen. Es ist aber davon auszugehen, dass der User die Möglichkeit zur Abstimmung der Seiteninhalte auf die persönlichen Interessen aufgrund der **Zeitersparnis**, die diese zukünftig mit sich bringen könnte, auch beim erstmaligen Besuch positiv wahrnimmt. Weil die einmalige Anmeldungsprozedur eine gewisse Zeit benötigt, kann diese als **Zukunftsinvestition in die Kundenbindung** betrachtet werden. Nur ein Kunde, der annimmt, diesen Service zukünftig regelmäßig zu nutzen, wird bereit sein, für die Anmeldung

75

notwendige Informationen preiszugeben und die benötigte Zeit zu investieren. Darüber hinaus stellt die absolvierte Anmeldeprozedur auch eine **Wechselbarriere** aus Sicht des Kunden dar. Gelangt der registrierte User später auf ein ähnliches Konkurrenzangebot im Internet, wird er den nochmaligen Aufwand einer zusätzlichen Registrierungsprozedur nur bei einem erheblichen Mehrwert in Kauf nehmen.

Trotz allem sollte man nur gezielt Daten abfragen. Wer zu viele Informationen abfragt, riskiert, dass die Kunden die Anmeldeprozedur abbrechen, weil sie nicht gewillt sind, derartig viele Angaben über die eigene Person preiszugeben.

Gerade beim Internetshopping bietet sich die Personalisierung an, da eine Registrierung für den Verkaufsvorgang unerlässlich ist. Hier sollte die Chance genutzt werden, über die Schaffung **produktaffiner Umfelder** den Umsatz zu erhöhen (s. Abb. 30). Auf die große Bedeutung der Personalisierung im Zusammenhang mit dem Einsatz von **Shopping-Assistenten** wird im Kapitel 2.5 gesondert eingegangen. Der Einsatz von individuellen Elementen auf der Homepage ist durch die datenbankgestützte Technik einfach realisierbar und durch das Vorhandensein von zahlreichen Standardlösungen auch schnell und einfach auf den eigenen Seiten implementierbar. Wissenschaftler arbeiten zurzeit an ersten Modellen, die neben der Personalisierung auch die momentane Gefühlslage des Kunden zu erfassen versuchen. Der Einbezug dieser sog. „Situierung" ist aber noch nicht über Laborexperimente hinaus gekommen, und so müssen wir wohl noch eine Weile warten, bevor wir gezielt über Liebeskummer hinweg trösten, oder den akuten Schnupfen via Internet lindern können.

Abb. 30: Die Möglichkeiten produktaffiner Zusatzangebote sind mannigfaltig.[29]

Interest

„Im Internet überlebt das Einfachste.... Vermitteln Sie Usern eine positive
Erfahrung und sie werden zu ständigen, treuen Kunden."

(Internet-Experte Jakob Nielson)

2.3 Aufnahme erzielen

2.3.1 Erleichterung der Aufnahme

Das vorangegangene Kapitel beschäftigte sich inhaltlich damit,
wie man die Aufmerksamkeit der Internet-User erreichen kann. Ist
dies zunächst einmal geschafft, haben sich Ihre Chancen auf einen Geschäftsabschluss bereits stark erhöht. Allerdings hat der
User seine Bestellung noch nicht aufgegeben! Zwischen dem ersten Kontakt mit einer Homepage und der Betätigung des „Ab-
schicken"-Buttons unterhalb des Bestell-Formulars muss der Inter-
netbesucher noch mehrere Schritte durchführen – und diese stellen ihn zum Teil vor große gedankliche Herausforderungen.

Dieses Kapitel soll Ihnen helfen, Ihre Internetseiten so zu gestalten, dass mögliche Schwierigkeiten des Users bei der Informationsaufnahme minimiert werden. Hierzu ist es sinnvoll, sich zunächst die Frage zu stellen, wie wir Menschen eigentlich Informationen wahrnehmen. Mit Kenntnis der **grundlegenden Prozesse
zur gedanklichen Verarbeitung von Inhalten** ist die Konzeption
eines Internetangebotes um vieles einfacher.

Während im ersten Moment der Kontaktaufnahme die aktivieren-
den Prozesse eine große Rolle spielen, kommen bei der näheren
Auseinandersetzung mit einem Web-Angebot die sog. **kognitiven
Prozesse** ins Spiel. Dies sind gedankliche Vorgänge, in denen wir

Informationen aufnehmen, verarbeiten und speichern (s. Abb. 31). Sie erlauben uns beispielsweise das Verstehen einer Produktbeschreibung oder das gedankliche Speichern eines Sonderangebotes.

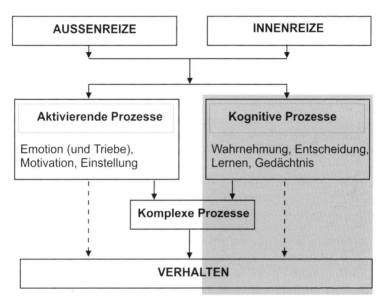

Abb. 31: Das System der verhaltensbeeinflussenden Variablen.[30]

Unser Verhalten basiert auf **Entscheidungen**, von denen wir täglich eine große Anzahl treffen. Entscheidungen basieren auf emotionalen Vorlieben, aber auch auf uns bekannte Informationen. Aus diesem Grund sind kognitive Denkprozesse mit ausschlaggebend für unser Verhalten und damit auch ein wesentlicher, beeinflussender Faktor für Verkaufstätigkeiten über Online-Shops.

Als das Medium Internet erstmals für die breite Öffentlichkeit nutzbar wurde, sind die Internetsurfer vor allem auf Entdeckungsreise im World Wide Web gegangen. Internetseiten wurden reihenweise angewählt und erkundet. Die User hatten dabei „alle Zeit der Welt".

Dieses Verständnis hat sich heutzutage grundlegend gewandelt. Wir gehen vermehrt ins Internet, um gezielt Informationen abzurufen oder bestimmte Aktionen auszulösen. Ein wesentlicher, allgemein empfundener Vorteil des Mediums Internet ist die **Zeitersparnis**, die wir uns durch Online-Recherchen und dem Online-Buchungsweg erhoffen. „Zeit ist Geld" – dieser Satz gilt heute mehr denn je. Daher spielt der **subjektiv empfundene Zeitaufwand** eine wesentliche Rolle. Wenn uns ein Internetangebot zu langsam erscheint, dann wird die Konkurrenz angesteuert. Das Konkurrenzangebot ist nur einen Mausklick weit entfernt – das Medium Internet macht es möglich.

Bei der Konzeption einer Internetseite ist es wichtig, sich in die Lage des Kunden zu versetzen. Was wollen die Kunden erreichen, wenn sie ein Unternehmen auf dessen Internetseite besuchen? Welche Ziele haben sie? Ausgangspunkt ist das **Ziel des Kunden**, z.B. der Kauf einer Reisetasche. Um dieses Ziel zu erreichen, muss sich der Kunde mit den Gestaltungselementen einer Homepage auseinander setzen. Hierzu gehören beispielsweise die Navigationsleiste, zahlreiche Textlinks auf der Seite und auch das Online-Buchungsformular. Es ist wichtig, dass die Funktionalität eines jeden Elementes auf der Seite schnell erfassbar ist und auch seinen Zweck erfüllt.

Nichts ist ärgerlicher als ein Link, der nach dem Anklicken zu einer Fehlermeldung führt. Denn eine zielgerichtete Handlung ist nicht frei von **Emotionen**. Während das Erreichen eines Ziels bei uns ein Gefühl von Freude, Stolz, Erleichterung und Entspannung verursacht, kann das Nicht-Erreichen eines Ziels sehr schnell zu Frustration, Ungeduld, Ärger und Resignation führen (s. Abb. 32). Eigene Misserfolge merken wir uns in der Regel sehr genau. Es spricht vieles dafür, dass ein Kunde, der einmal durch Trial-and-Error-Verhalten nicht ans Ziel gekommen ist, nicht mehr auf diese Seiten zurückkommt.

Abb. 32: Fehlermeldungen führen zu Kundenärger und verhindern Umsatz.[31]

Bei der konzeptionellen Gestaltung einer Internetseite sollte daher das oberste Ziel sein, dem User **Erfolgserlebnisse** zu vermitteln. Dies hat zwei Gründe: In der Regel favorisiert der User beim wiederholten Surfen den Anbieter, bei dem er aus Erfahrung schnell ans Ziel gelangt ist. Das hängt auch mit dem empfundenen Flow-Effekt zusammen, nach welchem ein Mensch bei seinen Aktivitäten strebt. Außerdem wird er geneigt sein, das Angebot weiterzuempfehlen. Eine gut funktionierende **Mund-zu-Mund-Propaganda** ist sehr effizient. Andererseits zeigen Untersuchungen, dass ein unzufriedener Kunde durchschnittlich neun weiteren Personen von seinen Misserfolgen auf der Internetseite erzählt. Diese wären bereits als potenzielle Kunden verloren, bevor sie je Kontakt mit dem Internetangebot gehabt hätten.

Das nachfolgende Kapitel befasst sich deshalb mit gestalterischen und inhaltlichen Maßnahmen, die eine schnelle und zielorientierte Führung des Users unterstützen. Abb. 33 gibt Ihnen eine kurze Übersicht über die wesentlichen Aspekte, die im Folgenden diskutiert werden.

Abb. 33: Übersicht über die Ansatzpunkte zur Erleichterung der Aufnahme.

2.3.2 Unterstützung durch gestalterische Merkmale

2.3.2.1 Bedeutung von Bildern auf der Homepage

Bereits in einem vorangegangenen Kapitel wurde die Bedeutung von Bildern bei der Aktivierung erwähnt. Bilder lassen eine Homepage ansprechender erscheinen. Die Gegenüberstellung der beiden Screenshots in der folgenden Abbildung verdeutlicht dies anschaulich (s. Abb. 34).

Abb. 34: Die Einbindung von Bildern auf der Homepage steigert deren Attraktivität.[32]

Bilder spielen darüber hinaus auch bei der Aufnahme von Inhalten eine große Rolle: Für eine **schnelle Informationsaufnahme und -verarbeitung** sind sie sehr geeignet. Aufgrund zahlreicher empirischer Forschungsergebnisse liegt die Vermutung nahe, dass

Lernprozesse und menschliches Verhalten sehr stark durch Bilder gesteuert werden.

Man sieht einen Ausschnitt aus einem Garten. Es sind zahlreiche Blumen erkennbar, die einen Bienenstock einrahmen. Im Hintergrund erkennt man verschiedene Bäume. Der Bienenstock besteht aus [...] .

Abb. 35: Ein Bild drückt auf einfachere Weise mehr aus.

Menschen bevorzugen die **bildliche Kommunikation**. Sie bietet eine Menge Vorteile gegenüber textlichen Informationen. Bei Werbeanzeigen beispielsweise werden Bilder grundsätzlich vor dem Text betrachtet. Auch lassen sich Informationen aus Bildern wesentlich schneller extrahieren. Anders als beim Lesen sind wir in der Lage, ein Bild **ganzheitlich** zu **sehen** und in gleicher Zeit größere Informationsmengen aufzunehmen und zu verarbeiten (s. Abb. 35). Der zunehmende Fernsehkonsum hat diese Entwicklung unterstützt. Der Zuschauer hat sich daran gewöhnt, sich über bewegte Bilder zu informieren. Fernsehen ermöglicht eine leichtere, weniger zeitintensive Informationsaufnahme im Vergleich zur täglichen Lektüre einer Tageszeitung. Dieser Trend findet in den anhaltenden Auflagenrückgängen bei den Tageszeitungen seine Bestätigung.

Bilder werden in der Regel zudem länger betrachtet als Text und bewirken generell eine **niedrigere Kontaktabbruchrate** bei der Informationsvermittlung. Ein weiterer Vorteil der Bildkommunikation ist die Tatsache, dass es ausreicht, ein Bild mittlerer Komplexität 1,5-2,5 Sekunden zu betrachten, um es später wiederzuerkennen. Das liegt daran, dass das Gehirn Bilder leichter speichern kann. So können wir ohne viel Mühe unter Hunderten Porträtfotos jene finden, die wir schon einmal gesehen haben. Bei Personenbeschreibungen ist dies nicht der Fall. Studien aus der jüngsten Vergangenheit haben bestätigt, dass auch bei der Betrachtung von Webseiten Bilder besser wahrgenommen werden als Text. Dies ist allerdings nur in den ersten Sekunden der Fall. Schafft es der dargebotene Inhalt im Textteil, das Interesse des Betrachters auf sich zu ziehen, wird danach dieser Teil der Website verstärkt wahrgenommen.

Untersucht man die Wahrnehmung von Bildern genauer, so können **vier Phasen** unterschieden werden: Bereits eine hundertstel Sekunde reicht aus, um sich emotional auf das Bildklima einzustimmen (Phase 1). Zu diesem Zeitpunkt wird entschieden, ob das Bild positive oder negative Empfindungen weckt. Das Bild wirkt

hier „wie ein Schuss ins Gehirn". Innerhalb der nächsten 1-2 Sekunden (Phase 2) gleicht das Auge das Bild nach bekannten
Schemata ab. Bereits durch diese unbewusste Speicherung von
Bildern besteht die Möglichkeit, dass diese später bei einem Asso-
ziationsprozess ins Bewusstsein zurückkehren und damit unser
Denken beeinflussen. Erst in den darauf folgenden 10-40 Sekunden (Phase 3) wird das Bild als realer Sachverhalt wahrgenommen und analysiert. In der Phase 4 und damit letzten Phase wird
der Bildinhalt tiefergehend gedanklich verarbeitet. Dies kann sowohl im Rahmen einer Unterhaltung unter Bezugnahme auf das
Gesehene erfolgen als auch durch eine wiederholte Betrachtung
des Bildes. Erst in dieser letzten Phase besteht die Chance, dass
der Bildinhalt langfristig im Gedächtnis verankert wird.

Die Einhaltung folgender Gestaltungstipps begünstigt die Wirkung
eines Bildes:

- **Einen unauffälligen Hintergrund wählen:**
  Der Hintergrund sollte sich nicht durch aufwendige Gestaltung in den Vordergrund drängen, damit der Betrachter sich auf das Bild konzentrieren kann.

- **Nur einen Bildschwerpunkt abbilden:**
  Durch die kurze Betrachtungsdauer ist eine zu große
  Komplexität kontraproduktiv. Die wesentliche Botschaft
  sollte sofort erkennbar sein.

- **Vorhandene Kenntnisse beim Betrachter ansprechen:**
  Wenn das Bild auf bekannten Informationen des Betrach-

ters aufbaut, wird die Erinnerungsleistung grundsätzlich verbessert.

- **Emotionen wecken:**
  Je emotionaler der Bildinhalt gestaltet wird, desto höher ist die Erinnerungsleistung.

- **Einsatz von prägnanten Bildern:**
  Die eingesetzten Bilder sollten sich durch das Motiv oder ihre Gestaltung klar von denen des Wettbewerbs unterscheiden.

- **Wiederholung von Bildreizen und Schlüsselbildern:**
  Für den Aufbau einer hohen Erinnerungsleistung ist die Wiederholung eines grundlegenden Motivs sehr hilfreich.

Die Effektivität der in der Aufzählung zuletzt genannten Schlüsselbilder kann nicht hoch genug eingeschätzt werden. Ein typisches und bekanntes Schlüsselbild ist die „lila Kuh" eines namhaften Schokoladenherstellers. Schlüsselbilder werden mittels eines **Bildercodes** gespeichert und sind deshalb schnell abrufbar.

Durch die Wiedererkennung eines bereits bekannten Elementes in einem Bild wird automatisch eine Verknüpfung zu den bereits stattgefundenen Kontakten mit diesem Bildreiz hergestellt. Auf diese Weise sind wir in der Lage, Bildelemente schneller in einen gedanklichen Kontext zu bringen. Der gesamte Bildinhalt wird leichter aufgenommen und die Erinnerungsleistung steigt.

Während Schlüsselbilder sich speziell auf eine Marke/ ein Produkt beziehen, gibt es auch allgemeingültigere Bildreize, deren man sich bedienen kann. Durch wiederholte Kontakte mit Bildern entwickeln wir **Standardvorstellungen**, sog. **Schemata**, darüber, wie ein Sachverhalt typischerweise aussieht. Ein Schema vereint die wesentlichen Merkmale eines Sachverhaltes, einer Person oder eines Ereignisses. Sowohl der Einsatz von Schlüsselbildern als auch der Einsatz von Standardvorstellungen erleichtert die Informationsaufnahme. Abb. 36 soll diesen Effekt veranschaulichen.

Abb. 36: Erkennung des Dargestellten durch vorgeformte Schemavorstellungen.[33]

Obwohl nur schemenhafte Elemente dargestellt sind und die Informationsaufnahme sehr schnell erfolgt, reicht der dargebotene Inhalt aufgrund der in uns vorhanden Schlüsselbilder aus und der Betrachter erkennt einen männlichen Oberkörper.

Dieser Effekt lässt sich bei der Homepagegestaltung zunutze machen, in dem Schlüsselbilder bzw. **visuelle Grundmotive** mit eingebunden werden. Dies kann auf verschiedene Weise geschehen. So können Schlüsselmotive bei der Gestaltung des Navigationssystems genutzt werden. Ein Einkaufswagen als Symbol für den Warenkorb, oder ein Fragezeichen als Hinweis auf eine Hilfe-funktion sind typische Beispiele. Auch bei vielen gut gestalteten Firmenlogos werden Schlüsselmotive eingesetzt. Auf diese Weise werden der Zielgruppe positive Eigenschaften des Unternehmens nonverbal übermittelt. Idealerweise wird damit ein Schema ange-sprochen, um das Unternehmensimage in die gewünschte Rich-tung zu lenken. Der Erfolg dieser Vorgehensweise beruht auf ei-nem weiteren wichtigen Aspekt der Bildkommunikation: Informa-tionen werden häufig in Form innerer Bilder verarbeitet. Dieser Vorgang wird auch als Imagery bezeichnet. So hängen Marken- oder Produktpräferenzen entscheidend davon ab, wie lebendig das innere Bild darüber beim Konsumenten ist. Der Betrachter hat dann ein Bild vor Augen, das seine Einstellungen und Kaufabsich-ten lenkt. Auf diese Weise haben bildlich gespeicherte Informa-tionen auch einen starken Einfluss auf das menschliche Verhalten. In Abb. 37 sind einige Beispiele für Schlüsselbilder aus dem Inter-net zu erkennen.

Beim Einsatz von Schlüsselbildern sollte darauf geachtet werden, dass sie in variierenden, inhaltlichen Kontexten dargestellt werden. Dies beugt dem Desinteresse des Betrachters vor. Beim wieder-holten Kontakt mit ein und demselben Bild, nimmt er dieses nicht mehr bewusst wahr.

Abb. 37: Beispiele für intuitive Vermittlung von Informationen mit Hilfe von Schlüsselbildern.[34]

Obwohl es aufgrund der angesprochenen Aspekte wichtig ist, Bilder einzusetzen, darf die Verzögerung beim Laden der Internetseiten auf dem Bildschirm nicht außer Acht gelassen werden. Gerade Bilder beanspruchen oft recht große Speichervolumina und damit lange Übertragungszeiten. Doch die Vorteile der Bilddarbietung sind so schwerwiegend, dass der Verzicht keine Alternative darstellt. Zudem können über die Dateiformate **GIF** ("Graphics Interchange Format") und **JPEG** ("Joint Photografic Expert Group"), die Bilder komprimiert und die Ladegeschwindigkeit damit erhöht werden. Immer schnellere Internetzugänge auch in Privathaushalten bewirken, dass sich das Problem der Ladezeit zunehmend entschärfen wird. Auch auf psychologische Kniffe kann zurückgegriffen werden. So werden Bilder häufig erst in einem kleineren Format gezeigt, die bei Bedarf vergrößert werden können (sog. Thumbnails). Auch einfache „Zwischenbilder" in Form von systemseitig leichter aufrufbaren Zwischenseiten, die während des Warteprozesses abgespielt werden, verkürzen psychologisch die Wartezeit des Surfers.

2.3.2.2 Grundregeln bei der Platzierung und dem Aufbau der Elemente auf der Homepage

Um Anhaltspunkte zu gewinnen, wie einzelne Elemente günstig auf der Homepage platziert werden, kann man einerseits auf internetspezifische Untersuchungen zurückgreifen. Doch ist dieser Forschungsbereich in seinen Erkenntnissen noch nicht sehr weit gediehen, und nicht wenige Resultate sind widersprüchlich. Andererseits gibt es in verwandten Forschungsbereichen Erkenntnisse, die sich aufgrund der ähnlichen Rahmenbedingungen auf den Konsumenten bzw. User übertragen lassen. Internetspezfische Studien haben viele Ergebnisse auch schon bestätigt. Hierzu zählen vor allem Studien aus der **Print-Anzeigenforschung**, die sich mit der Wahrnehmung und Speicherung von Informationen unterschiedlicher Art und Darbietung beschäftigen. Hierbei steht unser Gehirn und seine Funktionsweise im Vordergrund der Betrachtungen und nicht so sehr, ob der Informationsträger ein Online- oder Offline-Medium ist.

Eine wesentliche Erkenntnis in diesem Zusammenhang ist die Tatsache, dass **großformatige Elemente** stärker wahrgenommen werden als kleine Elemente. Weiterhin zeigen Tests, dass bei einer kombinierten Darstellung von Text und Bild die Wahrscheinlichkeit der Betrachtung des Textes erhöht wird, wenn dieser in Leserichtung nach dem Bild erscheint. Dies liegt darin begründet,

dass der normale **Blickverlauf** in westlichen Kulturen **der Leserichtung folgt**, und daher oben links beginnt und nach unten
rechts wandert. Somit sollte der Text grundsätzlich rechts oder unterhalb des Bildes stehen (s. Abb. 38).

Abb. 38: Bildbeschriftungen werden unterhalb oder rechts neben dem Bild
stehend am ehesten wahrgenommen.[35]

Durch den subjektiven Zeitdruck des Kunden ist es wichtig, ihm nicht zu viel Informationsmaterial auf einer Seite zuzumuten. Er zeigt sonst schnell **Überlastungserscheinungen** und verliert das Interesse am Dargebotenen. Daher ist es von großer Bedeutung, dass man weiß, welche Informationen der Kunde für seine Kaufentscheidung als wichtig erachtet. Diese werden auch als **Schlüsselinformationen** bezeichnet. Die Beschränkung auf die Darbietung von Schlüsselinformationen bewirkt, dass der User darauf verzichtet, Detailinformationen für seine Kaufentscheidung heranzuziehen und so schneller zum Kauf bereit ist.

Mit der verstärkten Nutzung des Internets steigt auch die Anzahl der **empirischen Studien zur Gestaltung von Internetseiten**. Zwei Techniken kommen hier vor allem zum Einsatz: Die Blickregistrierung und das Site-Covering. Bei der **Blickregistrierung** wird über ein technisches Gerät festgehalten, wohin die Testperson bei Betrachtung einer Website blickt und wie lange der Blick an einer Stelle verweilt. Beim **Site-Covering** kann die Testperson die zu testende Seite nur schemenhaft erkennen. Die gesamte Homepage ist in quadratische Felder gegliedert, welche die Testperson nach belieben einzeln durch Mausklick „aufdecken" kann. Bei beiden Methoden lässt sich feststellen, welche Seitenelemente am meisten Beachtung finden.

Nicht alle Inhalte auf einer Site werden gleich stark beachtet. So sind die linke Seite und der obere und mittlere Teil einer Seite die Bereiche, die bei Tests die höchsten Aufmerksamkeitswerte erreichen. Inhalte hingegen, die rechts oder unten auf einer Seite stehen, werden häufig übersehen. Links bzw. oben auf der Seite sollten also die wichtigsten Elemente platziert werden. Damit die Marke bestmöglich wahrgenommen wird, sollte hier das Logo eingefügt werden. Je nach vorhandener Bildschirmgröße und -auflösung kann es zudem sein, dass ein Betrachter wichtige Bildelemente gar nicht sofort wahrnehmen kann, weil diese außerhalb des für ihn sichtbaren Bildausschnitts rechts oder im unteren Teil der Seite stehen.

Untersuchungen zeigen, dass sich bei Usern bereits einige allgemein gültige Vorstellungen über die grundsätzliche Strukturierung von Informationen auf einer Internetseite herausgebildet haben.

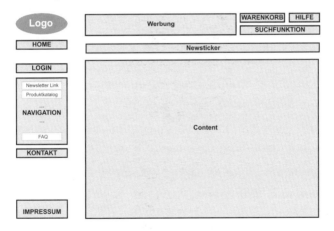

Abb. 39: Schema für den Aufbau einer Website.

So erwartet der User das Logo und den „home-Button", mit dem man zu jeder Zeit zurück auf die Startseite gelangen kann, in der linken oberen Ecke der Homepage. Werbebanner werden erwartungsgemäß am oberen Bildschirmrand vermutet, wohingegen das Symbol zur Ansicht des Warenkorbs, die Suchfunktion und ein Hilfe-Link oben rechts auf der Seite anzutreffen sein sollten. Es fällt auf, dass die erwartete Platzierung der Hilfe-Funktion in der oberen rechten Ecke hierbei identisch ist mit der Position der Hilfe-Funktion in gängigen Software-Programmen. Eine Übersicht über die erwarteten Positionen der wichtigsten Elemente auf einer Web-Seite gibt Abb. 39.

Bei der Gestaltung eines Internetangebotes ist es darüber hinaus ratsam, eine **visuelle Kontinuität** auf allen Seiten durchzuhalten und das Design nicht zu überladen (s. Abb. 40).

Abb. 40: Zu viele Inhalte überfordern den Betrachter.[36]

Eine zentrale Bedeutung kommt der Navigationsleiste auf der Internetseite zu. Diese wird von den Usern häufig zuerst betrachtet. Sie ist fester Bestandteil jeder Internetseite und steht im zentralen Fokus bei der Interaktion mit der Webseite. Deshalb sollte sie dem User eine **optimale Orientierungshilfe** geben, um sein Ziel zu erreichen. Studien weisen auf die hohe Bedeutung einer funktionierenden Navigation für die Attraktivität einer Website hin. Hierzu ist es vor allem wichtig, dass die Navigationsleiste immer an einem festen Platz auf der Seite anzutreffen ist. Ein „Wandern" der Navigationsleiste von beispielsweise der linken Seite auf der Homepage auf den oberen Seitenrand für die folgenden Seiten erschwert die Orientierung für den Benutzer (s. Abb. 41).

Abb. 41: Die unterschiedliche Positionierung der Navigation irritiert.[37]

Die meisten Navigationsleisten sind in der Regel links auf dem Bildschirm positioniert. Die Internetuser haben sich vielfach an diesen Seitenaufbau gewöhnt und erwarten die Navigationsleiste an dieser Stelle. Diese Platzierung hat unter **physiologischen Gesichtspunkten** noch einen weiteren Vorteil (s. Abb. 42). Alles was sich in unserem linken Gesichtsfeld befindet, wird in der rechten Hälfte unseres Gehirns zuerst verarbeitet. Hier befinden sich unsere Orientierung und die Fähigkeit zur räumlichen Vorstellung.[38]

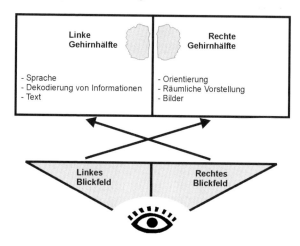

Abb. 42: Physiologischer Hintergrund für die Platzierung der Navigationsleiste am linken Bildschirmrand.[39]

Das **Auffinden von Inhalten** wird stark vereinfacht, wenn das Angebot von Anfang an einfach und übersichtlich strukturiert ist, und sich diese Struktur dann in der Navigationsleiste widerspiegelt. So können inhaltliche **Hauptmenü-Punkte** gebildet werden, zu denen Unterpunkte zugeordnet werden. Diese Unterpunkte erscheinen

für den Betrachter erst beim Anwählen des jeweiligen Haupt-
punktes. So wird der User auf den ersten Blick nicht mit zu vielen
Navigationsmenüpunkten überfordert. Der User sollte auf den
ersten Blick erkennen, welche Inhalte die angewählte Internetseite
bietet (s. Abb. 43).

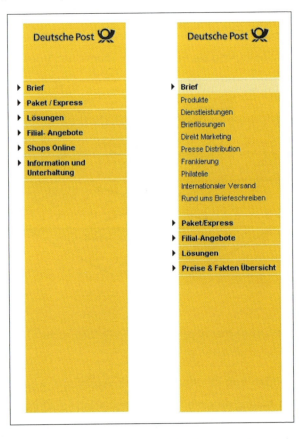

Abb. 43: Leichte Aufnahme durch maximal 7 Hauptmenüpunkte in der
Navigation.[40]

Diese Beschränkung hat noch einen weiteren Vorteil. Erkenntnisse aus der Gedächtnisforschung belegen, dass es dem Gehirn bei der gleichzeitigen Darbietung vieler gleichartiger und nicht strukturierter Informationen schwer fällt, diese abzuspeichern. Wesentliche Erkenntnisse dazu gehen auf Studien von MILLER zurück, der sich bereits in den 50er Jahren mit der Erfassung von Informationen durch das menschliche Gehirn beschäftigt hat. Er hat die Strukturierung von Informationen zur leichteren Aufnahme für das Gehirn auch als „Chunking" bezeichnet. Die Navigationsleiste sollte demnach nicht mehr als 7 plus/minus 2 Menüpunkte umfassen.

Die Auswirkung der sinnvollen Gruppierung von Inhalten mag der eine oder andere Leser bei Gedächtnisspielen, wie sie z.b. bei Einstellungstests stattfinden, selbst erfahren haben. Wenn es darum geht, sich in schneller Reihenfolge genannte Begriffe zu merken, ist es sinnvoll, diese nach Oberbegriffen im Kopf zu strukturieren. Dies erhöht die Gedächtnisleistung um ein Vielfaches.

					Blumen	**Berufe**
	Gärtner	Rose	Nelke		Tulpe	Frisör
		Maurer	Bus		Nelke	Bäcker
LKW		Elefant			Narzisse	Maurer
			Flugzeug		Rose	Gärtner
Katze		Primel			Primel	Lehrer
		Papagei		Narzisse		
	Tulpe		Eisenbahn		**Mobile**	**Tiere**
		Rennwagen	Frisör		Rennwagen	Elefant
Vogel		Hund			Flugzeug	Hund
	Lehrer	Bäcker			Eisenbahn	Vogel
					LKW	Katze
					Bus	Papagei

Abb. 44: Chunking erhöht unsere Gedächtnisleistung.

Vor der Freischaltung einer Homepage im Internet lässt sich die Verständlichkeit der Seite, insbesondere der Navigation, durch Laborversuche testen. Bei diesen Versuchen werden Test-Personen Aufgaben gestellt, die diese mithilfe des zu testenden Internetangebotes lösen sollen. Beispielsweise soll auf der Seite eines Reiseveranstalters eine Reise in ein bestimmtes Urlaubsland gebucht werden. Durch Beobachtung der Probanden oder auch durch automatische Blickverlaufsaufzeichnung, lässt sich schnell erkennen, ob die Homepage auch für Außenstehende verständlich ist. Auf Grund der Ergebnisse kann man den Aufbau der Homepage oder die Begrifflichkeit in der Navigation nachbessern.

Im Internet sind zurzeit folgende **fünf Navigationstypen** gebräuchlich:

- **Navigationsliste:** Hierbei werden Links ohne innere Ordnung einfach untereinander aufgeführt. Es erfolgt keine Blickführung oder Bedarfsbündelung, dadurch erlebt der Betrachter leicht eine Überforderung durch die große Anzahl von dargebotenen Links.

Abb. 45: Die Navigationsliste als beispielhafter Navigationstyp.[41]

- **Alphabetischer Navigationstyp:** Internetangebote, die diese Art der Navigation verwenden, haben meist Such-felder, in die man Begriffe eingeben kann. Mit dieser Art der Navigation kommen insbesondere fachlich vorge-prägte User gut zurecht. Die anderen Surfer werden sich mit dieser Navigation schwer tun. Denn der gesuchte Be-griff muss exakt getroffen werden, um zum gewünschten Ergebnis zu kommen.

Abb. 46: Der alphabetische Navigationstyp.[42]

- **Hierarchischer Navigationstyp:** Navigationstypen, die
  hierarchisch aufgebaut sind, bestehen aus Pull-Down-
  Menüs. Diese ermöglichen eine Bündelung der Links
  nach Themengebieten und Unterpunkten. Sie helfen dem
  User, sich innerhalb kürzester Zeit einen Überblick zu ver-
  schaffen.

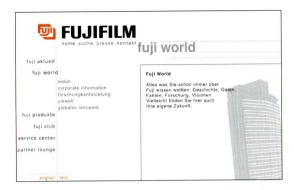

Abb. 47: Der hierarchische Navigationstyp.[43]

- **„Mind Map":** Mithilfe einer sog. Mind Map lassen sich Informationen unter Verbindung von Wort und Bild visualisieren. Dieser Navigationstyp nutzt die Stärken unseres Wahrnehmungssystems sowohl in Bezug auf Bilder als auch auf Text. Auf diese Weise wird die Information doppelt unterstützt dargeboten und eine Informationsaufnahme gefördert.

Abb. 48: Der Navigationstyp „Mind Map".[44]

- **„Metapher":** Der Navigationstyp „Metapher" verzichtet vollständig auf sprachliche Hinweise und versucht, den Inhalt einer Website rein bildhaft darzustellen. Der User handelt dann intuitiv und somit ähnlich, wie in realer Umgebung.

Abb. 49: Der Navigationstyp „Metapher".[45]

In einer empirischen Studie sind vier der vorgestellten fünf Navigationstypen („Liste", „alphabetisch", „hierarchisch" und „Mind Map") in ihrer Wirkungsweise untersucht worden. Es zeigte sich, dass die Navigationstypen „hierarchisch" und „Mind-Map" dem User halfen, sich besser auf der Seite zurechtzufinden. Durch die **Reduzierung der Komplexität** bei diesen beiden Navigationstypen wurde auch die Merkleistung erhöht. Die dazugehörigen Internetangebote und Firmen wurden ebenfalls viel positiver bewertet, als die Angebote mit anderen Navigationshilfen.

Um das Auffinden von Informationen zu erleichtern, ist als Ergänzung zur Navigation die Einbindung einer Suchhilfe sinnvoll. Durch Eingabe eines Suchbegriffes kann der User direkt zu der gesuchten Seite gelangen. Ein umständliches Suchen im Angebot entfällt.

2.3.2.3 Erleichterung der Informationsaufnahme

2.3.2.3.1 Gestaltgesetze

Bei der Untersuchung der Funktionsweise menschlicher Wahrnehmung gibt es zwei grundsätzliche Ansatzpunkte. Geht es um die Gestaltung einzelner Elemente zur Erleichterung der Informationsaufnahme, folgt man der **Elementarpsychologie**. Sie interpretiert Wahrnehmung als Summe von einzelnen Empfindungen. Als Ergänzung zu dieser Betrachtung hat sich noch vor Beginn des 20. Jahrhunderts die **Gestaltpsychologie** als Teilgebiet der allgemeinen Psychologie herausgebildet. Die Gestaltpsychologie interpretiert Wahrnehmung als Summe strukturierter Gestalten. Im Mittelpunkt steht die Frage: Warum nimmt man Dinge als Einheit wahr? Aus den Untersuchungen zu dieser Thematik haben sich die sog. Gestaltgesetze herausgebildet. Sie beruhen auf der Erkenntnis, dass der Betrachter immer nach Zusammenhängen sucht, die ein Muster oder Schema ergeben. Auf diese Weise ist es leichter, die dargebotenen Informationen zu verarbeiten. Es gibt zahlreiche dieser Gesetze, die bekanntesten werden im Folgenden vorgestellt. Bei Beachtung dieser Gesetzmäßigkeiten kön-

nen Sie den Besuchern Ihrer Homepage die Aufnahme der dargebotenen Inhalte entscheidend erleichtern.

2.3.2.3.2 Gesetz der Nähe

Dinge, die räumlich nahe beieinander liegen, werden vom Betrachter gruppiert, und somit als zusammengehörig erfasst. Dinge,
die weit voneinander entfernt liegen, werden hierzu im Gegen-
schluss als getrennt und unabhängig erlebt. Die obere Darstellung
in Abb. 50 zeigt insgesamt zehn einzelne Linien. Durch den unterschiedlichen räumlichen Abstand in den Zwischenräumen nehmen
wir 5 Doppellinien wahr. Der Web-Katalog YAHOO nutzt diese
Gesetzmäßigkeit, indem zu den Hauptkategorien passende Link-
Verweise mit kleinerem Abstand zueinander dargestellt sind, als
zur nächsten Hauptkategorie. Auf diese Weise kann das menschliche Auge die gewünschten Zusammenhänge sofort erkennen.

In Abb. 51 wurde das Beispiel unter Missachtung des Gesetzes
der Nähe verfremdet. Auf einen Blick wird deutlich, dass die Aufnahme jetzt erschwert wird. Leerräume sind damit wichtige Gestaltungselemente, die dabei helfen, Informationen sinnvoll zu
strukturieren.

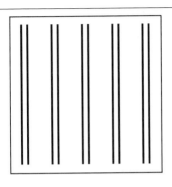

Web-Verzeichnis - thematisch gegliederte Sammlung von Web-Sites

Ausbildung & Beruf
Uni/FH Schulen Jobs Bewerbung...

Computer & Technik
Hard- Software PC-Spiele E-Technik

Finanzen & Wirtschaft
Börse Geld Immobilien Steuern...

Firmen
B2B Bauen Kleidung KFZ Sex...

Forschung & Wissenschaft
Geschichte Psychologie Bio Astro...

Gesellschaft & Politik
Recht Religion Frauen Jugend Gay...

Gesundheit
Medizin Krankheiten Psyche Pharma...

Internet & Kommunikation
Chat E-Mail Suchen Handy & SMS...

Lifestyle
Mode Esoterik Essen & Trinken Erotik...

Nachrichten & Medien
Wetter TV Zeitschriften Zeitungen...

Nachschlagen
Lexika Zitate Wörterbücher Tel.-Nr...

Reisen & Freizeit
Routenplaner Autos Hobbys Spiele...

Sport
F1 Fußball Rad Ski Tennis Outdoors...

Städte & Länder
Dt. Städte EU Länder Karten Sprachen...

Umwelt & Natur
Tiere Pflanzen Berge Wetter Energie...

Unterhaltung & Kunst
Cooles Humor Kino Musik Literatur...

Abb. 50: Das Gesetz der Nähe.[46]

Aufnahme erzielen

Ausbildung & Beruf	**Lifestyle**
Uni/FH, Schulen, Jobs, Bewerbung...	Mode, Esoterik, Essen & Trinken, Erotik...
Computer & Technik	**Nachrichten & Medien**
Hard-, Software, PC-Spiele, E-Technik...	Wetter, TV, Zeitschriften, Zeitungen...
Finanzen & Wirtschaft	**Nachschlagen**
Börse, Geld, Immobilien, Steuern...	Lexika, Zitate, Wörterbücher, Tel.-Nr...
Firmen	**Reisen & Freizeit**
B2B, Bauen, Kleidung, KFZ, Sex...	Routenplaner, Autos, Hobbys, Spiele...
Forschung & Wissenschaft	**Sport**
Geschichte, Psychologie, Bio, Astro...	F1, Fußball, Rad, Ski, Tennis, Olympia...
Gesellschaft & Politik	**Städte & Länder**
Recht, Religion, Frauen, Jugend, Gay...	Dt. Städte, EU, Länder, Karten, Sprachen...
Gesundheit	**Umwelt & Natur**
Medizin, Krankheiten, Psyche, Pharma...	Tiere, Pflanzen, Berge, Wetter, Energie...
Internet & Kommunikation	**Unterhaltung & Kunst**
Chat, E-Mail, Suchen, Handy & SMS...	Cooles, Humor, Kino, Musik, Literatur...

Abb. 51: Erschwerte Aufnahme durch Nichtbeachtung des Gesetzes der Nähe.[47]

2.3.2.3.3 Gesetz der Ähnlichkeit

Wenn verschiedenartige Elemente miteinander kombiniert werden, werden einander ähnlich wirkende Elemente eher als zusammengehörig verstanden. Die **Ähnlichkeit** kann dabei aus ganz unterschiedlichen Gestaltungsmerkmalen bestehen. So sind als stilistische Mittel die **gleichen Formen**, die **gleiche Farbgebung** oder die **gleiche Bewegungsrichtung** denkbar. Dabei kann man auch mehrere Stilmittel gleichzeitig verwenden. Je mehr Gemeinsamkeiten bestehen, desto stärker neigt der Betrachter zur Gruppierung der Elemente zu einer Einheit.

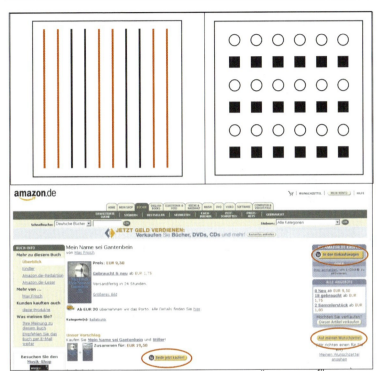

Abb. 52: Anwendungsbeispiele für das Gesetz der Ähnlichkeit.[48]

Abb. 52 verdeutlicht die Einhaltung des Gesetzes der Ähnlichkeit an zwei Beispielen. Links erkennt man zehn einzelne Linien. Auch diesmal nehmen wir diese als fünf Doppellinien war, allerdings nicht durch den unterschiedlichen Abstand zwischen den Geraden, sondern hier aufgrund der unterschiedlichen Farbgebung. Im zweiten Beispiel erkennt der Betrachter durch die unterschiedlichen Symbole fünf Linien. Jeweils drei bzw. zwei werden als zusammengehörig empfunden. Das Praxisbeispiel verdeutlicht zum einen, dass das Gesetz der Ähnlichkeit eine Möglichkeit bietet,

Elemente auch **über größere Distanzen** hinweg optisch zu **verbinden.** Zum anderen stellt es damit eine ideale Ergänzung zum Gesetz der Nähe dar: Wenn es nicht möglich ist, dem User eine Zusammengehörigkeit durch Nähe zu suggerieren, kann man durch ähnliche Gestaltungen verdeutlichen, dass die Elemente zusammengehören. Im vorliegenden Beispiel haben alle orangefarbenen Buttons etwas mit der Kaufhandlung zu tun.

2.3.2.3.4 Gesetz der Geschlossenheit

Beim **Gesetz der Geschlossenheit** geht es darum, dass Dinge mit geschlossenem Umriss oder Elemente, die von einer Linie umfasst sind, von der menschlichen Wahrnehmung gruppiert werden. Abb. 53 zeigt abermals zehn Linien. Da jeweils zwei Linien durch waagerechte Linien verbunden sind, entstehen als neue Wahrnehmungseinheiten fünf Rechtecke.

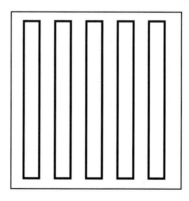

Abb. 53: Beispiel für das Gesetz der Geschlossenheit.

Ein weiteres Beispiel für die Auswirkung dieses Gestaltgesetzes ist Abb. 54. Sie zeigt scheinbar ein geschlossenes Gebilde aus einzelnen Herzen. Wenn man genau hinschaut, kann man aber auch das englische Wort „men" erkennen, das an einer Grundlinie gespiegelt ist. Diese Interpretation ist schwieriger zu erkennen, da es uns widerstrebt, dass die scheinbar in sich geschlossene Figur damit aufgehoben wird.

Abb. 54: Die Wirkungsweise des Gesetzes der Geschlossenheit.

Das Gesetz der Geschlossenheit ist ein wichtiges Hilfsmittel, um **Informationen** auf einer Homepage **zu ordnen**. So können unabhängige Bereiche auf einer Website durch einfache Linienführung oder unterschiedliche Hintergrundfarben optisch getrennt werden. Dem Betrachter wird es dann schwer fallen, diese Bereiche als Einheit wahrzunehmen. So bietet sich der Einsatz dieses Gestaltgesetzes insbesondere an, um viele Informationen auf einer Seite sinnvoll zu strukturieren (s. Abb. 55).

Abb. 55: Anwendungsbeispiel für das Gesetz der Geschlossenheit.[49]

Interessanterweise muss eine Form gar nicht vollständig dargestellt werden, damit dieses Gesetz wirkt. Der Betrachter tendiert
nämlich dazu, nicht vorhandene Teile einer Figur in der Wahrnehmung so zu ergänzen, dass er eine ihm bekannte Form zu erkennen glaubt. Auf diese Weise wird die Informationsaufnahme stark
vereinfacht. Wir haben das Prinzip bereits bei den Betrachtungen
zum Thema Schemata kennen gelernt. So erkennt der Betrachter
in Abb. 56 im oberen Beispiel sofort zwei Kreise, links unten ein
geschlossenes Dreieck und rechts unten ein geschlossenes
Quadrat, obwohl diese Figuren nicht explizit in ihrer Form abgebildet werden.

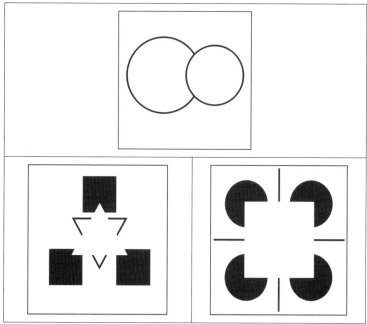

Abb. 56: Beispiele für unvollständige Formen.

Für einen Webseiten-Designer ist die Strukturierung von Inhalten durch **Hinterlegung von angedeuteten Formen** mit Sicherheit eine willkommene Abwechslung zur reinen Strukturierung durch Linien. Das Prinzip des Erkennens von gewünschten Inhalten gilt im Übrigen nicht nur für die grafische Wahrnehmung. So findet man beispielsweise trotz intensiver Suche nur sehr schwer Rechtschreibfehler in selbst geschriebenen Texten.

2.3.2.3.5 Gesetz des glatten Verlaufs

Das **Gesetz des glatten Verlaufs** wird auch Gesetz der guten Fortsetzung, der guten Kurve oder des gemeinsamen Schicksals genannt. Dabei interpretieren wir das Dargestellte immer in der aus unserer Sicht **einfachsten Form**. Dementsprechend nehmen wir z.B. Objekte, die auf einer Geraden oder einer Kurve angeordnet sind als Einheit wahr. Wenn man die Abb. 57 beschreiben würde, könnte man sagen, es handelt sich um 46 schwarze Punkte. Dies ist nicht falsch – wir tendieren aber dazu, sie als zwei gekrümmte Linien zu sehen, die sich in zwei Punkten schneiden.

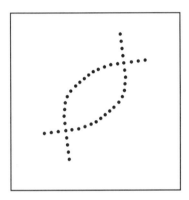

Abb. 57: Beispiel für das Gesetz des glatten Verlaufs.

Abb. 58 verdeutlicht, dass dies nicht nur bei Kurven der Fall ist. Diejenigen Teile einer Figur, die subjektiv ein **gemeinsames Schicksal** zu haben scheinen, werden als Einheit wahrgenommen. Der Betrachter sieht einen Kreis und ein Trapez. Kaum jemand wird hierin einen abgeschnittenen Kreis oder ein ausgehöhltes Trapez erkennen, was aber ebenso gut möglich wäre.

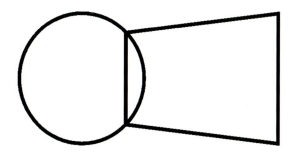

Abb. 58: Beispiel für offensichtliche Figuren durch gemeinsames Schicksal.[50]

Bei der Gestaltung einer Internetseite lässt sich das Gesetz des glatten Verlaufs beispielsweise immer dann anwenden, wenn einzelne Gestaltungselemente zusammenhängend strukturiert werden sollen. Bei der Trefferansicht einer Suchmaschine werden z.b. die Anzeige-Felder für die Ergebnisseiten auf einer optischen Linie angeordnet, und so vom Betrachter intuitiv als zusammengehörig empfunden (s. Abb. 59).

Abb. 59: Praxisbeispiel zur Anwendung des Gesetzes des glatten Verlaufs.[51]

2.3.2.3.6 Gesetz von Figur und Hintergrund

Dieses Gesetz beschreibt eine grundlegende Eigenart bei der visuellen Wahrnehmung: Ein Teil der Darstellung hebt sich als Figur vor einem Hintergrund ab. Da **Figur und Hintergrund** sich gegenseitig bedingen, sind sie voneinander abhängig. Wenn eine klar abgegrenzte Figur vorhanden ist, tritt das umgebende Feld als Hintergrund zurück. Dagegen tritt durch das Vorhandensein einer ungestalteten Umgebung die Gestalt als Figur besonders hervor.

Dabei ist zu beachten, dass entscheidend für die Wirkung der Figur die **klar gegliederte Gestalt** ist. Als Beispiel kann man aus dem Lexikon einen Ausschnitt der Farbtafel mit den politischen Flaggen aller Länder dieser Erde vor Augen führen (s. Abb. 60).

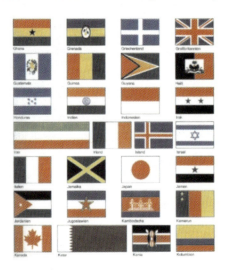

Abb. 60: Tafel mit politischen Flaggen.[52]

Der Blick bleibt automatisch an der japanischen Flagge hängen, einer der simpelsten auf der gesamten Tafel. Die Flagge ist zur Figur geworden, sie tritt hervor. Auch innerhalb der Flagge selbst lässt sich die so genannte Figur-Grund-Differenzierung erkennen: Der rote Kreis ist die Figur auf einem weißen Feld.

118

Bei der Gestaltung einer Internetseite ist das **Gesetz von Figur und Grund** insbesondere beim Textdesign zu beachten. Der Leser muss Figur und Grund klar unterscheiden können, ansonsten ist die Aufnahme des Textes nicht möglich. Daher ist es sinnvoll, Textelemente nicht mit Mustern oder Hintergrundbildern zu hinterlegen, da die Aufnahme des Textes sonst stark erschwert wird (s. Abb. 61).

Abb. 61: Beispiele für einen schlechten Figur-Grund-Kontrast.[53]

2.3.2.3.7 Gesetz der Prägnanz

Das **Gesetz der Prägnanz**, auch Gesetz der Einfachheit genannt, fasst die dargestellten Gestalt-Gesetze in gewisser Weise zusammen. Es kann daher auch als **Meta-Gesetz** verstanden werden. Unsere Wahrnehmung versucht, die Dinge so wahrzunehmen, dass sie möglichst einfach erscheinen und zu beschreiben sind. Unser Bewusstsein kann sich dabei zu einem bestimmten Zeitpunkt immer nur auf eine von mehreren möglichen Wahrnehmungsalternativen einstellen. In Abb. 62 wird die Vorderseite des dargestellten Würfels abwechselnd in zwei räumlichen Alternativen wahrgenommen.

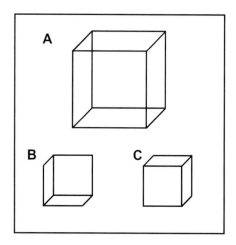

Abb. 62: Beispiel für zwei räumlich mögliche Wahrnehmungsalternativen.

Wie bereits zum Gesetz des glatten Verlaufs erläutert, tendiert der Betrachter dazu, **offensichtliche Figuren** als solche zu interpretieren. So wäre beispielsweise in Abb. 63 auch die Interpretation unter Ziffer B möglich. Da diese Auslegung nicht offenkundig ist, nehmen wir die Figur wie in Ziffer A dargestellt wahr.

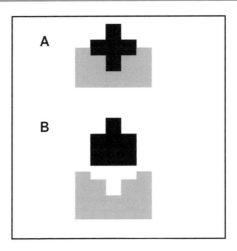

Abb. 63: Beispiel für eine nahe liegende Figur-Interpretation.

Bereits bei den Erläuterungen zu den Gesetzmäßigkeiten in Hinblick auf Figur und Grund ist uns das Beispiel der japanischen Flagge begegnet. Dieses kann auch zur Erläuterung des Gesetzes der Prägnanz herangezogen werden, denn eine Figur tritt umso stärker hervor, je einfacher die Form ist. Auch hiervon profitiert die japanische Flagge mit der Kreissymbolik. Zudem haben prägnant gestaltete Figuren den Vorteil, dass ihre Wirkung nur schwer von Reizen aus der Umgebung beeinträchtigt werden kann.

Das Gesetz der Prägnanz lässt sich auf einer Internetseite nutzen, indem man das **Design der Seite** und die sich darauf befindlichen Elemente unter Beachtung folgender Gestaltungsmerkmale einbindet: **Regelmäßigkeit, Symmetrie, Geschlossenheit, Einheitlichkeit, Ausgeglichenheit, Einfachheit und Knappheit.** Dabei sollte beachtet werden, dass das Gebot der Einfachheit nicht nur auf der Ebene einzelner Seitenelemente von Bedeutung ist, sondern auch für den Aufbau der gesamten Internetseite gilt. Wenn ein **klarer Seitenaufbau** gewählt wird, wird dem User auf Anhieb deutlich, welche Bereiche auf der Seite zusammengehören und er findet sich besser auf den Seiten zurecht (s. Abb. 64).

Abb. 64: Beispiel für einen klar und einen unklar strukturierten Seitenaufbau.[54]

2.3.3 Unterstützung durch inhaltliche Merkmale

2.3.3.1 Internetadresse und „Titles"

Nach Beachtung allgemeiner gestalterischer Richtlinien im ersten Teil des Kapitels zum Thema Aufnahme stehen nun die konkreteren Gestaltungshinweise zu einzelnen Seiteninhalten im Vordergrund.

Damit ein Internetauftritt im World Wide Web von den Usern leicht gefunden werden kann, ist es wichtig, dass die Internetadresse, die sog. **Domain, prägnant gestaltet** ist. Am sinnvollsten ist es, wenn sich der Name des Internetangebotes intuitiv erschließen lässt. So bietet sich die Verwendung des Firmennamens oder eines Produktnamens an. Dazu zählen meisterproper.de oder unilever.de.

Abkürzungen oder zu lange Namen sind schwer zu merken oder führen zu Verwirrungen bei den Usern (z.b. zdfmsn.de).

Der **Title** erscheint beim Seitenaufbau als eines der ersten Elemente in der oberen linken Ecke des Browsers. Insbesondere für User mit einem langsamen Internetanschluss ist der Title meistens das erste zu erkennende Element.

So sollte daher auch der Title als Gestaltungselement Ihres Angebots akquisitorisch genutzt werden, um den User beispielsweise willkommen zu heißen (s. Abb. 65).

Der Inhalt des Titles hat aber noch eine andere, wichtige Bedeutung. Er wird bei der Benutzung einer Suchmaschine angezeigt,

123

wenn das Angebot den Suchkriterien des Users entspricht und somit auf der Trefferliste erscheint. Daher **sollte der Title Schlüsselworte beinhalten**, nach denen ein User suchen könnte. Er muss auf den Inhalt Ihrer Seite hinweisen und Neugierde wecken (s. Abb. 66). Denn auf der Trefferliste einer Suchmaschine konkurriert das eigene unmittelbar mit anderen Angeboten.

Abb. 65: Der Title einer Internetseite als Willkommensgruß.[55]

Abb. 66: Beispiel für einen Title mit Hinweis auf den Seiteninhalt.[56]

2.3.3.2 Gezielte Wiederholungen zur Verständnisförderung

Aufgrund der Fülle an angebotenen Informationen ist es schwer, Werbeaussagen **im Gedächtnis** des Umworbenen **zu verankern.** Für Inhalte auf Internetseiten ist mit ähnlich **erschwerten Aufnahmebedingungen** zu rechnen. Es gibt zwei Wege, die Aufnahme von Inhalten zu fördern: zum einen über die Gestaltung der Internetseite – über diesen Weg wurde bereits berichtet – und zum anderen durch **gezieltes Wiederholen der Kernaussagen.** Um letzteren Punkt geht es in dem vorliegenden Kapitel.

Damit die dargebotenen Inhalte vom User entsprechend aufgenommen werden, müssen sie über das Kurzzeitgedächtnis in das Langzeitgedächtnis gelangen. Die Informationen werden zunächst im **Kurzzeitgedächtnis** verarbeitet und anschließend im **Langzeitgedächtnis** gespeichert. Da das Kurzzeitgedächtnis nur eine begrenzte Aufnahmefähigkeit besitzt, müssen die Inhalte, die ins Langzeitgedächtnis gelangen sollen, wiederholt auf den Betrachter einwirken. Die im Langzeitgedächtnis gespeicherten Informationen können dann bei erneuter Konfrontation mit inhaltlich verwandten Themen wieder aktiviert werden. Erst in das Langzeitgedächtnis gelangte Informationen können den Betrachter vom Angebot überzeugen und seine Einstellungen im positiven Sinne ändern. Aus diesem Grund ist es wichtig, dass sich **wichtige Inhalte** im Web-Auftritt **wiederholen.** Bei der Erinnerung an Klausurvorbereitungen in Schul- oder Studienzeit werden die Vorteile der gezielten

Wiederholung des Lernstoffes zur Verankerung im Gedächtnis deutlich.

Ein weiterer Vorteil von Wiederholungen liegt darin, dass sie zu einer **gefühlsmäßigen Akzeptanz** der betreffenden Information führen. Dies hängt damit zusammen, dass die wiederholte Aufnahme derselben Information einfacher ist, als die Aufnahme beim Erstkontakt. Da es leichter fällt, bekannte Informationen zu verarbeiten, wird das positive Gefühl mit der Information selbst verbunden. Verdeutlichen lässt sich dieser Effekt beispielsweise an einem Lied, dass im Radio gespielt wird. Wenn das Lied beim Erst-Kontakt noch nicht zusagt, so zeigen Untersuchungen, dass es nach wiederholtem Hören zunehmend besser gefällt.

Allerdings ist eine zu häufige Wiederholung auch nicht ungefährlich. Sie führen nach den Erkenntnissen der kognitiven Reaktionsanalyse dazu, dass der Empfänger nach und nach **Gegenargumente herausbildet**. Die empfundenen Nachteile nehmen damit zu. In diesem Zusammenhang wird auch von Abnutzungserscheinungen gesprochen.

Doch wo liegt nun die optimale Anzahl von Wiederholungen?

Es existieren zahlreiche Untersuchungen zu dieser Thematik, die alle zu dem gleichen Ergebnis geführt haben: Die optimale Anzahl an Wiederholungen gibt es nicht. Obwohl einige Autoren die Auffassung vertreten, sieben Wiederholungen seien optimal, hat sich diese Regel als nicht zutreffend erwiesen. Die notwendige Häufigkeit von Wiederholungen hängt von zwei wesentlichen Kriterien ab: der Art der Information – informativ vs. emotional – und dem Interesse des Empfängers, seinem Involvement.

Ist mit einem **geringen Involvement** des Betrachters zu rechnen, wird dieser nur mäßig aktiviert sein, um Informationen aufzunehmen. Handelt es sich zudem um eine sachlich informative Botschaft, muss diese zahlreich wiederholt werden, damit sie beim Betrachter gedanklich ankommt. Bei einer emotionalen Botschaft sind die Voraussetzungen bei wenig involvierten Empfängern besser, da diese weitestgehend „automatisch" – meist unter Umgehung der kognitiven Kontrolle – aufgenommen und verarbeitet werden. Es handelt sich hierbei um den Fall der klassischen Konditionierung, der bereits in Kapitel 2.2.2.4 beschrieben wurde. Die Verknüpfung einer emotionalen Botschaft mit einem Produkt oder einer Marke kann bereits nach 20 bis 30 Wiederholungen funktionieren.

Bei einem **hohen Involvement** des Empfängers ist es nicht so entscheidend, ob es sich um eine mehr rationale oder eher emotionale Information handelt. Die Aufnahme der Information ist vom Betrachter aktiv gewollt, daher reichen häufig bereits zwei bis drei Wiederholungen, um die Botschaft im Gedächtnis des Betrachters zu verankern. Allerdings ist die Gefahr der Ausbildung von Gegenargumenten auch schon bei wenigeren Wiederholungen gegeben. Dies gilt insbesondere für rationale Botschaften.

Die Gefahr der Abnutzung von wiederholt dargebotenen Informationen tritt also je nach Ausgangslage nach einer unterschiedlichen Anzahl von Wiederholungen ein. Generell gilt, dass man diese Gefahr minimieren kann, wenn man das gleiche Thema von Zeit zu Zeit in **unterschiedlichen Variationen** darbietet.

Wie lassen sich nun Informationen auf einer Internetseite wiederholt einbinden? Hierbei sollte man sich insbesondere der Vorteile des Internets bedienen, die eine **multisensuale Ansprache** möglich machen. Informationen können im Internet via Text und Bild, aber auch in Form von Audio-Dateien oder Videofilmen sowie bewegten Bildern, den sog. animated gifs, vermittelt werden. Es ist auch möglich **interaktive Elemente** zu nutzen, die den User in den Prozess mit einbeziehen. Das Zusammenwirken mehrerer Vermittlungswege, die unterschiedliche Sinne des Betrachters ansprechen, ermöglicht eine wirksamere Vermittlung der Information. Gleichzeitig wird so der Gefahr von Abnutzungserscheinungen durch gleichartige Wiederholungen vorgebeugt. In der professionellen Werbung wird dieses Mittel häufig angewandt.

Die klassische Form der inhaltlichen Wiederholung besteht in der **Kombination von Text und Bild**. Durch die Ansprache beider Gehirnhälften werden aufeinander abgestimmte Text- und Bildinformationen noch effektiver im Gedächtnis verankert, da eine doppelte Kodierung erfolgt. Dabei kann die Wiederholung nicht nur in der Abstimmung zwischen Fließtext und Bild bestehen, sondern auch in der Abstimmung zwischen Überschrift und Text oder der Bildunterschrift zum Bild. Abb. 67 verdeutlicht, wie eine derartige Abstimmung umgesetzt werden kann.

Abb. 67: Aufeinander abgestimmte Seiteninhalte fördern die Aufnahme.[57]

Wichtig bei der Einbindung von multimedialen Effekten im Internet ist, diese nicht um ihrer selbst willen einzubinden. Stattdessen muss ein **Kundenmehrwert** demonstriert werden. In einer aktuellen Studie bemängelte jeder zehnte Konsument die Produktabbildungen und -beschreibungen im Internet mit der Begründung, diese würden nicht ausreichen, um sich eine Vorstellung von dem Produkt machen zu können. Daher gewinnen **3-D-Produktabbildungen** und **virtuelle Show-Rooms** vermehrt an Bedeutung. So lassen sich beispielsweise durch das Hochladen eines eigenen

Fotos ausgesuchte Kleidungsstücke virtuell anprobieren, oder aber die Ausstattung des neuen Autos mit Hilfe von 3-D-Ansichten innerhalb eines Car-Konfigurators zusammenstellen (s. Abb. 68).

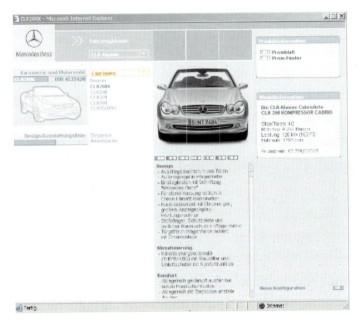

Abb. 68: Ein Car-Konfigurator im Internet.[58]

Die Abb. 69 zeigt unterschiedliche Möglichkeiten zur Einbindung multimedialer Elemente in das Internetangebot.

Abb. 69a: Möglichkeiten zur Multimedia-Integration im Internet.[59]

Abb. 69b: Möglichkeiten zur Multimedia-Integration im Internet.[60]

Zu beachten ist allerdings, dass die Nutzung multimedialer Effekte bei vielen Benutzern aufgrund der eingeschränkten technischen Möglichkeiten zu Problemen, von einem langsamen Seitenaufbau bis hin zur Nichtdarstellbarkeit der Seite, führen kann.

Um dieses Risiko zu minimieren, bietet es sich an, verschiedene mediale Alternativen zur Verfügung zu stellen. Die Effekte setzen dann nicht nach dem Aufruf der Website automatisch ein, sondern erst nach erfolgter Auswahl durch den User. So lassen sich von **Audio- oder Video-Dateien** verschiedene Download-Möglichkeiten anbieten, die sich je nach Qualität und verwendeter Software unterscheiden. Auf diese Weise obliegt es der Entscheidung des Users, ob er eine längere Ladezeit in Kauf nimmt.

Verwenden Sie zudem möglichst Standardsoftware. Vermeiden Sie dagegen Abspielprogramme, die der User erst noch herunterladen muss.

2.3.4 Grundlagen zur Text-Gestaltung

2.3.4.1 Bedeutung für den User

Nachdem die Bedeutung von Bildern vor allem auch im Zusammenhang mit Gefühlen deutlich geworden ist, stellt sich die Frage, inwieweit wir durch die Gestaltung von Text den Surfer beeinflussen können. Zunächst einmal ist der Text ein wichtiges Hilfsmittel, um die Eignung des Angebots zur Bedürfnisbefriedigung herauszustellen. Diese Tatsache wird jedoch von vielen Anbietern häufig vernachlässigt. Dabei ist gerade das Internet auch ein Medium, dass zur textbasierten Informationssuche genutzt wird.

In diesem Kapitel wird deutlich, dass durch einen bewusst gestalteten und formulierten Text die Attraktivität und Usability eines Web-Auftritts entscheidend verbessert werden kann. Schon durch die Wahl der Schriftart und der Farbe, aber auch durch die Wort- und Satzlänge beeinflussen wir den Surfer wesentlich. Zu beachten ist allerdings, dass auch der User durch seine technischen Voraussetzungen Einfluss auf das Schriftbild auf seinem Bildschirm nimmt. Bevor wir uns mit einzelnen Aspekten der Textgestaltung näher beschäftigen, ist zunächst einmal die Frage zu klären, wie der Mensch überhaupt einen Text liest.

2.3.4.2 Menschen sind keine Maschinen

Jeder kennt das Gefühl, dass man durch einen Text sprichwörtlich hindurchrast und alles verstanden hat. Auf der anderen Seite gibt es Texte, bei denen man nach fünfmaligen Lesen immer noch nicht weiß, worum es eigentlich geht.

Oft wird angenommen, dass der Mensch von links nach rechts liest und am Ende einer Zeile zum Anfang der neuen springt, wieder Buchstabe für Buchstabe liest und daraus Wörter bildet – vergleichbar mit der Funktionsweise einer Schreibmaschine.

Dem ist jedoch nicht so, wenn man einmal von einem Schüler der 1.Klasse absieht. Stattdessen springt der geübte Leser zwischen den Worten und Zeilen hin und her. Es wird auch nicht jeder Buchstabe gelesen, sondern das Wort als Ganzes wahrgenommen.

Deutlich wird das an dem folgenden Lesebeispiel (s. Abb. 70). Obwohl die Worte in der Schreibweise sinnlos sind, werden Sie den Inhalt sicher gut erfassen können.

Whnainsn oedr??

Gmäeß eneir Sutide eneir elgnihcesn Uvinisterät, ist es nchit witihcg in wlecehr Rneflogheie die Bstachuebn in eneim Wrot snid, das ezniige was wcthiig ist, ist dass der estre und der leztte Bstabchue an der ritihcegn Pstoiion snid. Der Rset knan ein ttoaelr Bsinöldn sien, tedztorm knan man ihn onhe Pemoblre lseen. Das ist so, wiel wir nciht jeedn Bstachuebn enzelin leesn, snderon das Wrot als Gseatems.

Gurß Snrdaa

Abb. 70: Worte werden als Gesamtes gelesen.

Die Bedeutung von Wortsilhouetten sind für das menschliche Leseverhalten von entscheidender Bedeutung. So wird durch die Großschreibung eines Wortes die Lesegeschwindigkeit verringert. Gerade bei langen Wörtern ist daher zu empfehlen, die gewohnte Silhouette des Wortes zu erhalten. Dies erreicht man z.B., in dem man lange Wörter mit Bindestrichen von einander trennt. Auch eine Veränderung der Wortstellung kann zur Leseerleichterung beitragen. In der nachfolgenden Tabelle wird an einem einfachen Beispiel gezeigt, wie eine unterschiedliche Schreibweise die Lesegeschwindigkeit beeinflusst (s. Abb. 71).

FLUGHAFENFEUERWEHRLÖSCHFAHRZEUG
Flughafenfeuerwehrlöschfahrzeug
Flughafen-Feuerwehr-Löschfahrzeug
Das Löschfahrzeug der Feuerwehr eines Flughafens

Abb. 71: Lesbarkeit von Wörtern.

Experimente zeigen, dass die Worte in den unteren beiden Zeilen leichter aufzunehmen sind, als in den oberen. Es sollten also möglichst lange Wörter vermieden oder zumindest deren Lesbarkeit erleichtert werden.

2.3.5 Formale Textgestaltung

2.3.5.1 Gezielter Einsatz von Schriftarten

2.3.5.1.1 Gefühle beeinflussen

Die Wahl der Schriftart ist häufig die Konsequenz einer schnellen relativ unbedachten Entscheidung. Das kann fatal sein, denn unter psychologischen Aspekten kann der User durch die richtige Wahl der Schriftart im Sinne des Anbieters beeinflusst werden. Es kann eine Stimmung für bestimmte Textinhalte und eine entsprechende Erwartungshaltung vermittelt werden, bevor sich der Leser dem sachlichen Inhalt zuwendet.

Die große Bedeutung solcher Emotionen wurde bereits herausgestellt. Eine Website, die sich an Kinder richtet, wird emotional durch eine verspielte und lustige Schriftart – wie z.b. die Schriftart „Comic Sans MS" – unterstützt (s. Abb. 72). Im Gegensatz dazu ist es i.d.R. nicht günstig, „Comic Sans MS" für Bestattungsunternehmen einzusetzen. In diesem Fall empfiehlt sich eher eine Schriftart, die eine seriöse und vertrauensvolle Empfindung auslöst (s. Abb. 73).

Die Wahl der Schriftart ist daher keine Entscheidung, die beiläufig getroffen werden sollte. Sie muss zum Inhalt und der gewollten Aussage der World-Wide-Web-Präsenz passen. Neben den ausgelösten Assoziationen ist die Lesbarkeit eines Textes ein entscheidendes Merkmal, um den User günstig zu beeinflussen.

Abb. 72: Beispiel für die Nutzung einer „lustigen" Schriftart.[61]

Abb. 73: Beispiel für eine „seriöse" Schriftart.[62]

2.3.5.1.2 Lesbarkeit erhöhen

In einer Vielzahl von wissenschaftlichen Analysen wurde die Lesbarkeit von Texten getestet[63]. Die Ergebnisse zeigen, dass die Schwierigkeit der Textaufnahme von Schriftart zu Schriftart variiert. Hieraus ergibt sich, dass man gerade beim Text neben der emotionalen Stimmung, die beeinflusst werden kann, die Bedeutung des Textes beachten muss. Handelt es sich um einen sachlichen Text, sollte bei der Wahl der Schriftart in erster Linie darauf geachtet werden, dass der User die Information leicht und zügig aufnehmen kann.

Schriftarten können in zwei große Gruppen eingeteilt werden. Man unterscheidet Schriftarten mit und ohne Serifen. Serifen sind „kleine Füße" an den Buchstaben. Bekanntestes Beispiel für eine Schrift mit Serifen ist „Times New Roman". „Arial" hingegen ist die meist verbreitetste Schriftart ohne Serifen.

Homepage	Homepage

Abb. 74: Gegenüberstellung der Schriftarten Times New Roman und Arial.

Der Vorteil von Serifen ist, dass sie eine Art Linie darstellen, die es dem Leser erleichtert, in der richtigen Zeile zu bleiben. Sie sind daher eine **Orientierungshilfe für den User.** Allerdings hat diese Schrift einen erheblichen Nachteil, der sich gerade im Internet bemerkbar macht. Die Lesbarkeit der Wörter kann bei einer Schriftart mit Serifen reduziert werden. Gerade bei geringer Auflösung oder der Projektion mittels eines Beamers auf eine Leinwand wird

der Nachteil solch einer Schriftart erkennbar. Durch die „Füßchen"
an den Buchstaben, die bei geringer Auflösung immer größer und
unklarer wirken, ist das Wort nicht mehr so gut zu erkennen.
Solche kleinen Veränderungen in der Silhouette erschweren
bereits die Aufnahme des Textes (s. Abb. 75). Hier würde sich
eine serifenlose Schriftart wie beispielsweise „Arial" empfehlen.

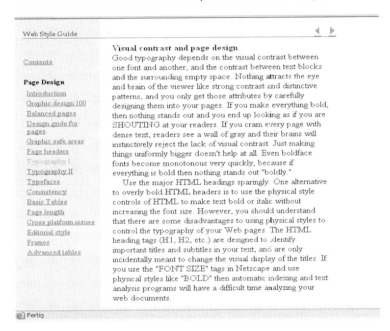

Abb. 75: Seite mit einer Serifen-Schriftart.[64]

Bei der Auswahl der Schriftart kommt es auch auf die Art des Inhaltes und die dahinter stehende Zielsetzung an. Bei vorwiegend
sachlichen Inhalten ist die Lesbarkeit von besonderer Wichtigkeit.
Dies betrifft die Dokumentation stark erklärungsbedürftiger Produkte. Bei diesen steht die Vermittlung von Gefühlen wahrschein-

lich eher im Hintergrund. Der Kunde soll vor allem verstehen, was das Produkt für ihn leisten kann und wie es sich von Konkurrenzprodukten abhebt.

Abb. 76: Internetseite mit einer serifenlosen Schrift – häufig im Internet anzutreffen.[65]

Aktuelle Nachrichten

Mindestens 26 Tote bei Explosion in Afghanistan (Reuters)

Freitag 9. August 2002, 19:43 Uhr
Kabul (Reuters) - Bei einer Explosion auf dem Gelände einer Bau- und Logistik-Organisation bei Dschalalabad in Ost-Afghanistan sind am Freitag nach Angaben des Verteidigungsministeriums mindestens 26 Menschen getötet worden.

Abb. 77: Unterschiedliche Schriftarten. Typischerweise bei verschiedenen Überschriftshierarchien.[66]

Abb. 78: Selbst Markennamen werden fälschlicherweise mit
unterschiedlicher Schrift geschrieben.[67]

Theoretisch würden sich also je nach Art des Inhaltes – eher emotional oder eher sachlich – durchaus unterschiedliche Schriftarten
eignen. Wer daraus folgert, dass jeder Bereich des Online-Auftritts
seine eigene spezifische Schriftart haben sollte, der irrt. Denn ein
übergeordnetes Prinzip bei der Gestaltung von Texten ist deren
Einheitlichkeit. Folglich sollte die Schriftart auf der Homepage
möglichst einheitlich sein. Benutzt man für jeden Bereich unterschiedliche Schriftarten und Farben, entsteht ein uneinheitliches,
zerstörtes Gesamtbild (s. Abb. 77 und Abb. 78). Dies sollte im
Sinne einer besseren Übersichtlichkeit genauso vermieden wer-

den wie ein unstrukturierter Text. Eine **einheitliche Struktur** in der Textgestaltung erleichtert dem Nutzer die Übersicht und er kann schneller zu den gewünschten Informationen gelangen. Dies wird in der Abb. 79 deutlich.

Ohne Struktur   Mit Struktur

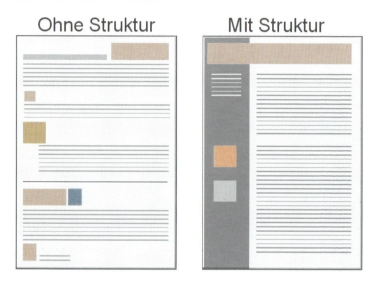

Abb. 79: Seitenaufbau ohne und mit Struktur.[68]

2.3.5.1.3 Abstimmung mit CI und CD

Begriffe, wie Corporate Identity und Corporate Design spielen in unserer Wirtschaftswelt eine immer größere Bedeutung, denn die Wiedererkennung von Marken und Unternehmen wird im Rahmen der integrierten Kommunikation immer wichtiger. Hätten Sie vor 15 Jahren einen Geschäftsführer gefragt, ob er einen Verantwortlichen für die Entwicklung und Einhaltung des Corporate Designs beschäftigt, wäre seine Antwort wahrscheinlich eine Gegenfrage gewesen. Heutzutage besitzt eine Vielzahl von Unternehmen Mitarbeiter, die sich um die Entwicklung und Einhaltung des CD kümmern. Viele Unternehmen haben auch Design-Guides für die Verwendung von Logos und Farben. Nur bei der Schriftart gibt es erst in wenigen Unternehmen feste Vorschriften. Die Personalabteilung nutzt „Times New Roman" um einen seriösen Eindruck zu vermitteln. Der Marketing-Direktor favorisiert vielleicht einen jugendlichen und innovativen Stil und entscheidet sich für „Comic Sans MS". Dabei sollten sich doch beide fragen: „Welchen assoziativen Gesamteindruck wollen wir unseren Kunden vermitteln?"

Ein Web-Auftritt übernimmt zunehmend die Funktion einer „Visitenkarte" des Unternehmens, wenn der Erstkontakt eines potenziellen Kunden über die Homepage des Anbieters erfolgt.

Die bewusste und abgestimmte Gestaltung einer Offline-Visitenkarte im Sinne des Unternehmens ist längst eine Selbstverständlichkeit. Die elektronische „Visitenkarte" sollte diesen Anforderungen nicht nachstehen. Gibt es eine unternehmenstypische Schrift, sollte man diese auch für das Internet übernehmen, wenn nicht oben genannte Auswahlkriterien stark dagegen sprechen.

2.3.5.2 Überschrift als richtiger Einstieg

Man unterscheidet bei der Textgestaltung grundsätzlich zwischen der Überschrift und dem Fließtext. Der Fließtext fungiert primär als Informationsträger. Die Lesbarkeit steht in diesem Fall im Vordergrund. Bei geschicktem Einsatz von Überschriften und Zwischenüberschriften können wir die Blicke des Users lenken, und ihm eine Orientierungshilfe geben.

Grundsätzlich ist festzuhalten, dass die Headline der Teil eines Textes ist, der unter akquisitorischen Aspekten am ehesten auffallen muss. Die subjektive Zeitknappheit der Menschen führt dazu, dass viele Texte nur noch überflogen werden.

Abb. 80: Die Größe der Überschrift lenkt die Aufmerksamkeit. Je größer und auffälliger der Text, desto höher ist die Aufmerksamkeit.[69]

Durch die **Größe der Überschrift** können Sie den Grad der Bedeutung des Fließtextes beeinflussen. Damit wird der Wunsch des Users erfüllt, zunächst über das Wichtige informiert zu werden. Darüber hinaus soll die Überschrift aber auch **Neugier** wecken.

ABENTEUER AFRIKA

"Nichts für ängstliche Menschen"

DATENMANIPULATION

Fälschungsskandal um deutschen Star-Physiker

Abb. 81: Beispiele für Neugierde weckende Überschriften.[70]

Wenn Sie eine Überschrift gestalten, dann gibt es folgende Ratschläge, die Sie beachten sollten:

Keine Verneinung in der Überschrift	
schlecht:	Kaufen Sie nicht bei Anbieter B, er hat nicht die beste Qualität
besser:	Kaufen Sie bei Anbieter C, wenn Sie Wert auf Qualität legen

Abb. 82: Verneinung in der Überschrift.

Wichtige Schlüsselwörter und Markennamen in der Überschrift verwenden	
schlecht:	Der neue Staubsauger – lernen Sie die Vorteile kennen
besser:	Produkt Alpha von Anbieter Beta – sicher und gründlich für Ihren Komfort

Abb. 83: Wichtige Schlüsselwörter und Markennamen in der Überschrift verwenden.

Keine Wortspiele und "literarischen Spielchen" in der Überschrift	
schlecht:	Fischer fischt im Trüben
besser:	Außenpolitische Probleme für Joschka Fischer

Abb. 84: Wortspiele und "literarischen Spielchen" in der Überschrift.

Keine „blinden" Überschriften	
schlecht:	Fischer fischt im Trüben
Besser:	Verschlechterte Wasserqualität in Fischereigebieten

Abb. 85: Blinde Überschriften.

Das letzte Beispiel zeigt deutlich, wie eine Überschrift i.d.R. nicht gestaltet sein soll. Erst wenn der Leser den Text gelesen hat, versteht er den Sinn der Überschrift. Es sollte sofort deutlich werden, wovon der nachfolgender Text handelt. Einzige Ausnahme ist der Einsatz von Rätselüberschriften bei einem hoch involvierten Leserkreis.

2.3.5.3 Farbliche Gestaltung

Farben sind für eine erfolgreiche Webpräsenz unentbehrlich. Mit Farben kann man die Aufmerksamkeit und Erinnerungsleistung der User enorm beeinflussen.

Zur Wirkung von Farben gibt es aber keine einheitlichen Erkenntnisse. So ist die Wirkung abhängig vom gesellschaftlichen Trend und der jeweiligen Kultur des Users. Schwarz ist in der christlichen Welt eine Trauerfarbe. Im arabischen Kulturraum gilt dies für die Farbe Weiß. Grün ist in der islamischen Welt eine heilige Farbe und in Europa lediglich eine Landschaftsfarbe.

Trotzdem ist der bewusste Einsatz von Farben in der Textgestaltung sehr wichtig. Er sollte möglichst den Grund-Figur-Unterschied des Textes fördern. Die Beispiele in Abb. 86 belegen dies eindrucksvoll.

Der Figur-Grund-Unterschied hilft bei der Erkennbarkeit von Texten

Der Figur-Grund-Unterschied hilft bei der Erkennbarkeit von Texten

Der Figur-Grund-Unterschied hilft bei der Erkennbarkeit von Texten

Der Figur-Grund-Unterschied hilft bei der Erkennbarkeit von Texten

Abb. 86: Der Figur-Grund-Unterschied.

Als Grundregel sollte Folgendes beachten werden: Je ähnlicher die Farben, desto schwieriger sind sie für das menschliche Auge zu unterscheiden. Die beste Lesbarkeit aus der Ferne erreichen Sie, wenn Sie schwarze Buchstaben auf gelbem Grund schreiben.

Gewisse Vorgaben ergeben sich jedoch durch das Corporate Design. Sollten die Firmenfarben etwa Blau und Rot sein, dann sollten diese Farben bei der Internetgestaltung ebenfalls in irgendeiner Weise einen „Rahmen" bilden, um die Wiedererkennbarkeit zu gewährleisten. Das bedeutet jedoch nicht, wie häufig missverstanden, sich für eine blaue Schrift auf rotem Hintergrund entscheiden zu müssen.

2.3.5.4 Hervorhebung zur Blicksteuerung

Jeder Text enthält Informationen, bei denen der Autor in besonderer Weise sichergehen möchte, dass der Leser diese auch aufnimmt. Er versucht dies, indem er die wichtigen Textbereiche kennzeichnet. Dies kann erfolgen durch:

- Großbuchstaben
- Kursivschrift
- Fettschrift
- farbliche Kennzeichnung.

Obwohl häufig gebraucht, ist von GROSSBUCHSTABEN als Hervorhebung abzuraten, da sie – wie bereits erwähnt – die Lesegeschwindigkeit beeinträchtigen. Das gilt auch für *kursive Schrift,* wenn auch in einem geringeren Maße. Der Einsatz kursiver Schrift bietet sich nur dann an, wenn das Lesetempo absichtlich verlangsamt werden soll, um die Verweildauer etwas zu erhöhen. Primär sind **fette und farbliche Hervorhebungen** zu empfehlen. Damit lassen sich die Blicke des Betrachters auf wesentliche Aspekte lenken, und geben ihm das angenehme Gefühl eines schnell erfassbaren Textes.

Mit der schrittweisen Einführung der .NET-Technologie erhofft sich Microsoft den grossen Wurf zu landen. Die berühmten Schlagworte *"Informationen jederzeit an jedem Ort auf jedem Gerät."* zeigen klar wohin Microsoft mit .NET will: einen einfacheren und schnelleren Zugang zu immer besser vernetzten Daten zu schaffen.

Für den Netzwerkadministrator stellen sich aber gerade wegen der grossen Änderungen die .NET mit sich eine ganze Reihe von Fragen: "Was erwartet mich bei .NET?", "Welche Planungen muss ich jetzt schon anstellen?", "Lohnt sich die Migration jetzt überhaupt schon?".

Die neue Spezial-Reihe **.NET Praxisedition** behandelt deshalb die wichtigsten Aspekte von .NET/XP, wie beispielsweise das Client-Frontend Windows XP Professional, das .NET Framework und die .NET Server Systeme.

Im Paket günstiger

Natürlich können Sie aus der .NET Praxisedition auch einzelne Titel auswählen, wenn Sie aber schon jetzt das gesamte Informations-Package bestellen sparen Sie gegenüber dem Einzelverkaufspreis volle 70 Euro!

Abb. 87: Gemischter Einsatz von kursiver und fetter Schrift sowie farbiger Hervorhebung.[71]

2.3.6 Inhaltliche Text-Gestaltung

Bei der inhaltlichen Textgestaltung geht es in erster Linie um die Verständlichkeit. Aufgrund eines zunehmend von Zeitdruck geprägten Lebens einerseits, und einer steigenden Informationsüberlastung andererseits, wird der Surfer durch einen leicht verständlichen Text stark positiv beeinflusst.

Textverständlichkeit wiederum wird durch Faktoren wie Einfachheit, Kürze und Prägnanz, Gliederung und Ordnung sowie durch stimulierende Elemente bestimmt.

Mit **Einfachheit, Kürze und Prägnanz** wird dem User die inhaltliche Aufnahme erleichtert. Je geläufiger die verwendeten Wörter und je kürzer die Sätze, desto schneller werden die Texte inhaltlich aufgenommen. Gerade unter werblichen Aspekten sind lange Sätze „tödlich". Sätze mit bis zu neun Wörtern gelten als am Besten verständlich! Ferner wird das Verständnis erleichtert, wenn Sie überwiegend Hauptsätze und wenig Nebensätze verwenden. Auch aktiv formulierte Sätze werden besser verstanden und erinnert als passiv formulierte Sätze. Das Gleiche gilt für positiv formulierte Sätze gegenüber negativen. Nutzen Sie außerdem möglichst Verben statt Substantivierungen. Letztere verringern ebenfalls die Verständlichkeit.

Darüber hinaus spielt auch die Ausdrucksweise eine wichtige Rolle. Sie sollte anschaulich und konkret sein. Nur in wenigen Fällen ist dies nicht ohne Weiteres möglich, wie beispielsweise bei wissenschaftlichen Texten. Diese richten sich dann aber auch an eine spezielle Zielgruppe, die meist ganz gezielt nach solchen Inhalten sucht. Hier ist die Weitergabe von Details häufig von entscheidender Bedeutung. Auf der Homepage jedoch haben solche Detailinformationen grundsätzlich nichts zu suchen. Hier soll Aufmerksamkeit und Neugierde erzeugt werden, damit sich der User mit dem zweiten Klick tiefer in den Internet-Auftritt bewegt. Deshalb sollte sich auf das Wesentliche beschränkt werden. Vermeiden Sie deshalb auch Fremdwörter. Sie können zwar zu einer intensiveren Aufmerksamkeitsreaktion führen, verschlechtern aber meist die Verständlichkeit. Auch Gedankenstriche und Klammern können die Verständlichkeit reduzieren.

Ein wichtiger Aspekt betrifft die **Gliederung und Ordnung.** Je mehr Text eine Seite enthält, desto wichtiger ist die Strukturierung durch Absätze. Eine übersichtliche Anordnung der Texteinheiten erleichtert die Informationsaufnahme. Dies unterstützen Sie durch Stichpunkte, die mit Spiegelstrichen versehen werden.

Als Letztes sei auf die **Stimulans** von Texten eingegangen. Gemeint sind hiermit Merkmale im Text, die belebend wirken oder den Leser motivieren, den Text weiter zu lesen. Auf diese Emotionalisierung von Texten wird leider viel zu wenig Wert gelegt. Wir werden in unserer Gesellschaft zur Sachlichkeit und Rationalität erzogen. Begeistern lassen sich die Menschen allerdings durch emotionalisierende Worte. Lassen Sie einmal die beiden folgenden Aussagen auf sich wirken. Sachlich sind sie kaum zu unterscheiden. Doch welcher Text spricht Sie mehr an, Version A oder B?

Version A: Dieses Aggregat erfüllt die Sicherheitsvorschriften nach XYZ.

Version B: Dieses Aggregat reduziert die Gefahren für Ihre Gesundheit und kann somit Ihre Lebensqualität entscheidend verbessern.

Um Missverständnissen vorzubeugen, sei darauf hingewiesen, dass stimulierende Textbestandteile nicht mit Falschaussagen verwechselt werden dürfen.

2.3.7 Der User ist auch Gestalter

Im Gegensatz zum Printbereich ist der User im Internet nicht nur Konsument, sondern auch gleichzeitig Gestalter oder sogar Umgestalter unserer Internet-Präsentation. Je nach seinen technischen Rahmenbedingungen beeinflusst er das Aussehen unserer Web-Präsentation auf seinem Computer.

Dies bedeutet, dass das Erscheinungsbild einer World-Wide-Web-Seite nicht auf jedem Computer identisch ist.

Betrachten wir als Erstes die **Schriftgröße**. Sie ist abhängig von den Einstellungen im Browser (s. Abb. 88). Damit eine Schriftart überhaupt erst angezeigt werden kann, muss diese auf dem Computer des Users installiert sein. Legen Sie also auf eine spezielle Schrift Wert, so muss diese technisch eventuell über sog. Flashanimationen gleich mitgeliefert werden. Der Einsatz von Flashanimationen kann jedoch derzeit noch andere Nachteile mit sich bringen, wie z.B. lange Ladezeiten. Die Problematik, eine spezielle Schrift beim User zu erzeugen, wird sich allerdings mit der technischen Entwicklung zunehmend entschärfen.

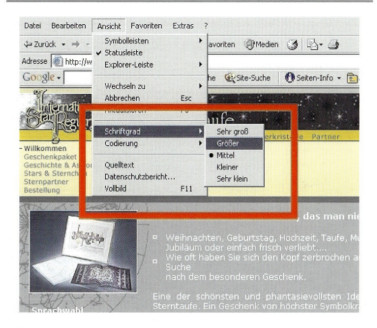

Abb. 88: Die Schriftgröße ist durch den User beeinflussbar.

Einen weiteren Einfluss auf die Darstellung einer Website auf seinem Computer hat der User durch die voreingestellten Farben und
den Auflösungsgrad am Bildschirm. Je höher die Farbqualität und
Bildschirmauflösung eingestellt ist, desto besser ist die Qualität
des gleichen Bildes. Die Beispiele in Abb. 89 und Abb. 90 zeigen
den Unterschied zwischen einer 24Bit Farbqualität und 1280x1024
Bildschirmauflösung im Gegensatz zu einer 16Bit Farbqualität und
640x480 Bildschirmauflösung. Als Anbieter sollte man sich am
aktuellen Mindeststandard orientieren. Ansonsten erweckt die aus
Anbietersicht gut gestaltete Website beim Nutzer einen schlechten
Eindruck. Die technischen Rahmenbedingungen könnten dem

User zwar mitgeteilt werden, doch damit wird er sich kaum befassen wollen und wahrscheinlich eher auf die Website der Konkurrenz wechseln.

Abb. 89: Unterschiedliche Auflösung des gleichen Bildes.

Abb. 90: Unterschiedliche Auflösung der gleichen Internetseite[72].

Desire

„Ein Denken ohne sinnliche Vorstellung ist nicht möglich."

(Aristoteles)

2.4 Verständnis erreichen

2.4.1 Vertrauen schaffen

Hier beginnt die dritte Stufe der Erfolgsleiter für eine gute Web-Gestaltung nach dem AIDA-Prinzip. Bei den ersten beiden Stufen ging es um Erreichen der Aufmerksamkeit und das Erzielen einer leichten Aufnahme der dargebotenen Inhalte. Um nun die dritte Stufe der Erfolgsleiter zu erklimmen, steht vor allem die Gewinnung des Vertrauens im Vordergrund.

Mangelndes Vertrauen ist eine der größten Kaufbarrieren im E-Commerce. Zwei Arten des Risikos stehen im Vordergrund der Betrachtungen: das materielle und das psychologische Risiko (s. Abb. 91).

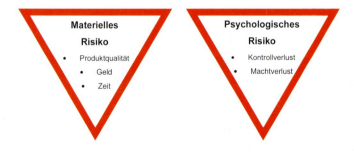

Abb. 91: Verschiedene Risikoarten für Internetuser.

Um sich der Thematik der Vertrauensgewinnung systematisch zu nähern, ist es sinnvoll, zwischen **vertrauensbildenden Faktoren und vertrauenshemmenden Faktoren** zu unterscheiden.

2.4.2 Einflussfaktoren auf Vertrauensbildung

2.4.2.1 Design der Seite

Bereits der erste Eindruck von der Homepage ist mitentscheidend für die Vertrauensgewinnung. Ein wichtiges Prinzip dabei ist die **einfache Gestaltung des Angebotes.** Je einfacher Navigation, Wortwahl und Bestellvorgänge gestaltet sind, desto leichter fällt es den Usern, diese zu verstehen und Vertrauen aufzubauen. Das Design einer Webseite wird insbesondere dann als vertrauenswürdig empfunden, wenn es keine Pop Up's und Werbebanner enthält[73].

2.4.2.2 Bekanntheit

Im E-Commerce fehlt sowohl der physische Zugriff auf Produkte als auch das aktive Erleben von Stimmungen und Eigenschaften der Produktwelten. Daher muss der User im Internet zwangsläufig darauf vertrauen, dass er auch das Produkt erhält, das er sich vorgestellt hat. Dementsprechend haben es Anbieter mit bekannten Namen wie z.B. TCHIBO leichter. Sie verfügen bereits über ein Image, das für ein Produkt- oder Firmenversprechen steht. Insbesondere aus der Offline-Welt bekannte Namen bzw. Marken genießen einen Vertrauensvorschuss.[74] **Vertraute Namen** schaffen

Nähe und können Unsicherheiten abbauen, denn der Online-Kunde weiß meist schon, auf welchen Anbieter er sich einlässt. Daher ist es für die Gewinnung von Vertrauen von entscheidender Bedeutung, dass Sie einen Namen schaffen, der sowohl Bekanntheit erlangt, als auch für ein Qualitätsversprechen steht.

2.4.2.3 Sicherheit

Durch die häufige Diskussion in den Medien über die mangelnden Sicherheitsstandards im Internet werden viele Surfer verunsichert. Das bezieht sich insbesondere auf die **Eingabe persönlicher Daten**. Im Brennpunkt der Kritik stehen vor allem die notwendigen Kreditkartennummern bei Online-Bestellungen.

Vertrauen kann in diesem Fall z.B. durch eine Haftungsübernahme für Kreditkartenmissbrauch geschaffen werden, wie z.B. LTOUR sie anbietet. Mehrere Zahlungsalternativen (z.B. Lastschrifteinzug, Nachnahme, Rechnung) gelten ebenso als vertrauensfördernd.

Die Nutzung von geschäftlichen Transaktionen, wie E-Banking oder der Abschluss von Versicherungen per Internet, wird von den Usern mit besonders hohen Sicherheitsanforderungen verbunden und deshalb häufig abgelehnt. Allerdings zeigen Studien, dass mit zunehmender Erfahrung im Umgang mit dem Internet auch das Vertrauen in die Sicherheit von Onlinetransaktionen zunimmt. Daher ist besonders darauf zu achten, dass vor allem unerfahrenen Usern durch entsprechende Maßnahmen die Unsicherheit genommen wird.

2.4.2.4 Glaubwürdigkeit

Ein Aspekt der Vertrauensbildung ist die Glaubwürdigkeit hinsichtlich der Qualität angebotener Produkte und der Selbstdarstellung der Anbieter. Das bedeutet, dass Internetuser sowohl von der Aufrichtigkeit der Anbieter als auch von einer wahrheitsgemäßen Darstellung der Angebote ausgehen können müssen.

Prinzipiell können **Bilder** genutzt werden, um die Glaubwürdigkeit bestimmter Aussagen zu erhöhen. Denn für die meisten Menschen gilt: „Ich glaube nur, was ich mit meinen eigenen Augen gesehen habe." Bilder sind deutlich geeigneter, die Realität darzustellen als Worte und Texte allein. Wir trauen eher unseren Augen, als Worten von anderen und nehmen das, was wir sehen, tendenziell als wahr und damit glaubwürdig an. Aus diesem Grund gelten Bilder und insbesondere Fotos als ursprüngliche Form des Beweises. Daher können für Sie insbesondere **Produktbilder** wichtig und wertvoll sein. Sie geben dem Interessenten damit die Möglichkeit, das Produkt zu betrachten und textliche Aussagen zu überprüfen. Dies vermittelt ein Gefühl der Sicherheit und Kontrolle. Der Glaube an einen gelungenen Produktkauf wird durch ein inhaltlich geeignetes Bild unterstützt.

Glaubwürdigkeit kann weiterhin gefördert werden, wenn die einzelnen Angebote und der Internetauftritt **insgesamt stimmig** sind. Es sollten also nicht nur Produktbilder vorhanden sein. Auch Überschriften, Produktbeschreibungen und Bildunterschriften müssen inhaltlich aufeinander abgestimmt sein. Denn eine textliche Unterstützung von Bildern, insbesondere durch Bildunterschriften, führt dazu, dass der Betrachter stärker über das Bild nachdenkt. Entsprechen sich die Aussagen von Text und Bild, so trägt dies auch zum Verständnis der Botschaft bei. Unterschiedliche Aussagen können den Betrachter verwirren. Er weiß nicht mehr, was er glauben soll und der Kontakt wird abgebrochen.

Sogar ein so einfaches Mittel wie **Seitenaktualität** kann die Glaubwürdigkeit von Onlineanbietern erhöhen. Denn durch ständige Aktualisierungen hat der User eine hohe Sicherheit, keine veralteten Produkte zu bestellen oder Angebote zu nutzen, die nicht mehr bestehen. So bietet beispielsweise tchibo.de „jede Woche eine neue Welt". Der User kann nicht nur wöchentlich neue Produkte bestellen, sondern zusätzlich wird auch angezeigt, welche der aktuellen Angebote bereits ausverkauft sind (s. Abb. 92).

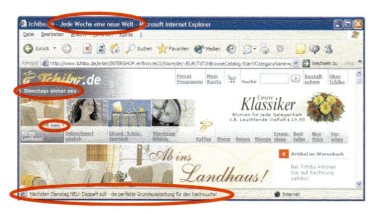

Abb. 92: Seitenaktualität bei tchibo.de.[75]

2.4.2.5 Transparenz

Transparenz ist ein wesentlicher Faktor zur Schaffung von Vertrauen. Dazu muss der User die Vorgänge verstehen und Kontrolle ausüben können. Hierzu ist eine sowohl **zweifelsfreie** als auch **durchgängige Beschriftung** aller klickbaren Buttons erforderlich. Die Bezeichnungen müssen einheitlich sein und auf jeder weiteren Seite konsequent verwendet werden. Wählen Sie die Bezeichnungen so, dass für den User schnell ersichtlich ist, welche Wirkung ein Klick auslösen wird.

Abb. 93: Meldung während der Bearbeitungszeit bei neckermann.de.[76]

Wenn Eingaben verarbeitet werden müssen, sollte während der Reaktionszeit eine kleine **Meldung** erscheinen, die dem User zeigt, welcher Bearbeitungsprozess zurzeit abläuft, und welche Wirkung der letzte Befehl ausgelöst hat (s. Abb. 93).

161

Für die Transparenz sind auch übersichtliche und vollständige **Produkt- und Preisangaben** unabdingbar. Produktspezifische Downloads bieten in bestimmten Fällen eine Möglichkeit zur umfassenderen Information. Aus der Preisangabe muss unbedingt hervorgehen:

- in welcher Währung der Preis angegeben wird,
- ob die Umsatzsteuer im Preis enthalten ist,
- ob Bearbeitungs- oder Versandgebühren hinzukommen.

Die Möglichkeit der Einsicht in die AGB, Copyright Bestimmungen sowie der Hinweis auf die strikte Einhaltung der Datenschutzbestimmungen gehören als Selbstverständlichkeit zu einem Online-Shop.

Die **Navigationselemente** sollten auf jeder Seite so gestaltet sein, dass von jedem Punkt aus ersichtlich ist, wo sich der User befindet. Nicht jeder User beginnt seine Sitzung auf der Startseite einer Internetpräsenz, sondern gelangt über Suchmaschinen oder Links mitten in die Tiefe eines Auftritts. Hierzu muss klar sein, in welcher Rubrik er sich gerade befindet und wie er von dort aus weiterkommt.

2.4.2.6 Garantien und Kulanz

Gegenüber den klassischen Vertriebswegen weist das Internet den Nachteil auf, dass Ware nicht vorher angefasst, aus- oder anprobiert werden kann. Auch können Onlinekäufer Ware nicht einfach in den Laden zurückbringen oder eine persönliche Reklamation vorbringen. Mehr noch als bei „Offlinegeschäften" können da-her **umfangreiche Garantien** die Unsicherheiten über diese Punkte reduzieren oder beseitigen. Geld-Zurück- und Rückgabe-garantien geben dem User Sicherheit. Bestellbestätigungen per E-Mail oder auch die Möglichkeit, den Bestellstatus zu überprüfen, gewähren dem User Kontrolle und geben ihm damit auch wieder Sicherheit.

Neben Garantien bietet auch die **kulante Regelung von Rekla-mationen** eine sehr gute Möglichkeit, Vertrauen zu schaffen, zu erhalten oder wiederzugewinnen. Die meisten unzufriedenen User beschweren sich nicht, sondern meiden künftig den betreffenden Anbieter. Reklamationen sollten Sie besonders ernst nehmen, da man davon ausgehen kann, dass viele andere User dasselbe Pro-blem hatten, ohne es geäußert zu haben. Kulante Regelungen von Reklamationen führen i.d.R. zu einer verstärken Kundenbindung und zu positiver Mund-zu-Mund-Propaganda.

2.4.2.7 Zuverlässigkeit bei der Abwicklung

Ein wesentlicher Vorteil von Onlinekäufen liegt darin, dass der Käufer seinen Arbeitsplatz oder seine Wohnung nicht verlassen muss, um etwas zu kaufen. Dieser Vorteil bringt aber nur dann ei-nen nachhaltigen Wettbewerbsvorteil, wenn die versprochene **Lie-ferzeit** in keinem Fall überschritten wird. Die Erwartungen an die Zuverlässigkeit und Pünktlichkeit der Lieferung sind bei Onlinebe-stellungen besonders hoch. Werden diese Erwartungen nicht er-füllt, führt das zu einer hohen Unzufriedenheit.

163

2.4.2.8 Möglichkeiten der Interaktion

Häufig fehlt der persönliche Bezug zu Anbietern, erst recht, wenn keine Ansprechpartner genannt werden. Fragen bleiben, im Gegensatz zu persönlichen Gesprächen, möglicherweise unbeantwortet, womit die geplante Transaktion zu einem unnötigen Risiko werden kann.

Abb. 94: Einbindung interaktiver Elemente.[77]

Das Internet bietet hervorragende Möglichkeiten der **Interaktion** zwischen Anbietern und (potenziellen) Kunden. Auch Interaktion schafft Vertrauen. Der User wird mit seinen Problemen oder Fragen nicht alleine gelassen. So bieten einige Anbieter z.B. Hotlines oder gar einen Online-Berater (s. Abb. 94).

Leider werden Interaktionsmöglichkeiten häufig nicht ausreichend genutzt. E-Mails bleiben unbeantwortet, Hotlines für telefonische Rückfragen werden selten angeboten und virtuelle Kundenberater sind leider nach wie vor eine Seltenheit.

2.4.2.9 Gewohnheiten respektieren

Viele Internetanbieter verbinden mit einem Relaunch ihrer Seite auch ein vollständig neues Layout. Dabei wird häufig übersehen, dass der **Mensch ein „Gewohnheitstier"** ist, und mit größeren Änderungen einer für ihn bereits gewohnten Umgebung oft nur schwer umgehen kann bzw. will. Das einmal erlernte Wissen soll auch wieder angewendet werden können. Haben sich Stamm-User an eine bestimmte Navigation und ein Layout erst einmal gewöhnt, sollten wirklich gravierende Gründe vorliegen, diese bei einem Relaunch elementar zu verändern. Anderenfalls läuft der Anbieter Gefahr, Stamm-User zu verlieren. Erforderliche Änderungen sollten daher behutsam vorgenommen werden.

2.4.2.10 Gemeinschaftszugehörigkeit

Viele Internet-User sehen sich als Mitglied einer Gemeinschaft, in der untereinander viel Vertrauen entgegengebracht wird, selbst

wenn man sich nicht persönlich kennt. Dieses **Zusammengehö-**
rigkeitsgefühl führt zu einer Orientierung an Erfahrungsberichten
bzw. Beurteilung von Internetanbietern durch andere Mitglieder
dieser Gemeinschaft. Deswegen sind persönliche Empfehlungen
und positive Erfahrungsberichte anderer Internet-User ein vertrau-
enschaffendes Element. Empfehlungen von anderen Nutzern stellen unabhängige Meinungen dar. Sie fördern das Vertrauen in den
Anbieter ganz wesentlich.

 <u>Schreiben Sie die erste Online-Rezension</u> zu diesem Buch, und gewinnen Sie mit
Einkaufsgutschein über 50 EUR.

Kunden, die sich diesen Artikel angesehen haben, haben sich auch
angesehen:

- *Sputnik Sweetheart : A Novel* von Haruki Murakami, u. a.
- *Tanz mit dem Schafsmann. Roman.* von Haruki Murakami
- *Naokos Lächeln. Nur eine Liebesgeschichte.* von Haruki Murakami
- *Der Elefant verschwindet.* von Haruki Murakami

Rezensionen

Kurzbeschreibung
Cooler Realismus und Fantastik verbinden sich in der Geschichte von Sumire und Miu. Die eine i
Möchtegernautorin, die andere eine siebzehn Jahre ältere erfolgreiche Geschäftsfrau. Unempfängl
jungen Frau, von der sie „süßer Sputnik" genannt wird. Auf einer Reise durch Frankreich und Ital

Abb. 95: Beispiele für Empfehlungen im Internetangebot.[78]

Dabei kann es sich z.B. um Empfehlungen von Freunden handeln, die sich direkt von der Webseite des Anbieters per E-Mail äußern. Schriftliche Kommentare oder Rezensionen zu den Produkten von Käufern auf der betreffenden Seite unterstützen das Vertrauen ebenso. Auch Top Ten- oder Bestenlisten stellen indirekt Empfehlungen anderer Verbraucher dar.

2.4.2.11 Zielgruppengerechte Inhalte

Der Besucher einer Website sucht i.d.R. ein bestimmtes Angebot oder eine spezielle Information. Deshalb muss der dargebotene Mehrwert schnell erkennbar sein. Dieser hängt von den Erwartungen der jeweiligen Zielgruppe ab, die der Anbieter unbedingt berücksichtigen sollte. So können Unterhaltungselemente für eine nach speziellen Fachinformationen suchende Zielgruppe durchaus störend wirken. Auch ist darauf zu achten, dass sich die Erwartungen von Usern des jeweiligen Offline-Angebotes nicht unbedingt mit den Wünschen an den Nutzen des Online-Angebotes decken muss. Während MTV-Zuschauer im Fernsehen eher Unterhaltung erwarten, könnte es z.B. sein, dass sie auf der Website von MTV Hintergrundinformationen über Stars und Konzerte suchen. Um eine **zielgruppengerechte Gestaltung des Nutzwertes** und der Ansprache zu gewährleisten, sollten Sie die Erwartungen von Internetusern an Ihr Angebot durch Befragungen erfassen.

2.4.2.12 Einhaltung von Standards

Trotz der verhältnismäßig kurzen Existenz des Internets haben sich bereits einige **Standards** durchsetzen können, die dem User die Nutzung von Internetangeboten erleichtern. Kann der User auf **gewohnte Navigationselemente und Bezeichnungen zurückgreifen**, findet er sich leichter zurecht, als wenn er auf jeder Seite neue Begriffe und neue Navigationsstrukturen erlernen muss. Menüpunkte und Navigationsbefehle wie Kontakt, Warenkorb, Home haben sich eingebürgert und werden von jedem verstanden. Jede Änderung dieser Begriffe kann das Verständnis erschweren. Hyperlinks müssen sich deutlich entweder durch Unterstreichung oder andere Farbgebung von sonstigem Text abheben, da sonst nicht gleich ersichtlich ist, welche Elemente anklickbar sind.

Auch die Anordnung der Menüleiste auf der linken Bildschirmseite hat sich durchgesetzt und trägt zu einer leichten Orientierung bei. Der Wunsch, sich von anderen Websites zu unterscheiden, sollte daher unter Beachtung etablierter Standards realisiert und nicht auf Kosten der Verständlichkeit umgesetzt werden.

Ganz besonders störend wirkt es, wenn die Standardoberfläche des Browsers ausgeblendet wird. Ein Vollbild, das keine Browsersteuerung zulässt, erzeugt großes Misstrauen beim User, da er die Kontrolle über die Seite verliert. Gerade bei Bestellvorgängen wird durch das Ausblenden einer gesicherten Internetverbindung (s. Abb. 96) ein vertrauenförderndes Element wieder zunichte gemacht.

Abb. 96: Icon für eine gesicherte und ungesicherte Internetverbindung.

2.4.2.13 Gütesigel

Aus der Offline-Welt ist uns ein weiteres vertrauensförderndes Element bekannt: das **Gütesigel**. Auch im Internet findet man bereits eine Fülle von solchen Qualitätszeichen (s. Abb. 97). Ein einheitlicher Standard oder ein bestimmtes Sigel hat sich aber noch nicht durchgesetzt. Stattdessen sind diese sehr unterschiedlich ausgestaltet und besiegeln zum Teil ganz verschiedene Merkmale.

Abb. 97: Beispiele verschiedener Gütesigel im Internet.

Wenn Sigel eingesetzt werden, sollte folglich unbedingt auch erläutert werden, welche **Gütekriterien** dadurch bescheinigt werden.

Am stärksten vertrauensfördernd wären Gütesigel, die von einer offiziellen Stelle vergeben und bei Missbrauch auch wieder entzogen werden. Derzeit gibt es eine solche Stelle nicht. Es ist davon auszugehen, dass Gütesigel deshalb eher als Vertrauen schaffend empfunden werden, wenn sie im Zusammenhang mit anderen vertrauensfördernden Elementen eingesetzt werden.

2.4.3 Vertrauenshemmende Faktoren

2.4.3.1 Schlechte Erfahrungen von Usern

Ein gewichtiges Kriterium für Misstrauen sind **persönliche Erfahrungen** mit unseriösen Anbietern oder Erfahrungen aus dem Freundes- und Bekanntenkreis. Wurde auch nur eine schlechte Erfahrung erlebt, ist das Vertrauen für sehr lange Zeit verloren. Folglich ist die Seriosität der Anbieter eine Grundvoraussetzung für die Schaffung von Vertrauen. Bekannte Marken und Unternehmen aus der Offline-Welt haben in dieser Hinsicht grundsätzliche Vorteile.

2.4.3.2 Fehlende Informationen über Anbieter

Wer in der Offline-Welt einkaufen geht, weiß bereits einiges über den Anbieter. So kennt er die Adresse des Unternehmens, erfährt ob die Verkaufsräume und das Personal seriös und vertrauenswürdig wirken und bei welchem Verkäufer er bezahlt hat.

Somit weiß der Käufer zumindest, wohin er sich wenden kann, wenn er mit seinem Produkt Probleme hat. Dagegen ist im Internet zunächst einmal jeder Anbieter anonym. Daher benötigt der User einige **Informationen vom Anbieter**. Selbstverständlich sollten die Angaben von Adresse und Telefonnummer sein. Ohne diese ist für den Internetnutzer kein reales Unternehmen erkennbar. Warum sollte sich ein potenzieller Käufer darauf einlassen, bei einem anonymen Anbieter einzukaufen? Es erweckt nicht gerade Vertrauen, wenn ein Geschäftspartner seine wahre Identität nicht bekannt geben will. Generell gilt: Je offensiver mit den Daten des Unternehmens und seiner Mitarbeiter umgegangen wird, desto eher gelingt es, Vertrauen zu erwecken.

Die meisten deutschen E-Commerce-User bevorzugen Unternehmen mit einem Firmensitz in Deutschland.[79] Denn bei einem Kauf im Internet gilt die deutsche Rechtsprechung, wenn sowohl Anbieter als auch Käufer aus Deutschland kommen. Bei einem ausländischen Unternehmen kann sich der deutsche Kunde nicht sicher sein, welche Rechtsgrundlagen für den angestrebten Kauf maßgebend sind.

Weiterhin ist das Misstrauen gegenüber unbekannten Organisationen hoch. Dazu zählen vor allem Spendenaufrufe und Erotikangebote.[80] Die Seriosität wird insbesondere bei ausländischen Adressen angezweifelt.

2.4.3.3 Forderung nach persönlichen Daten

Etwa der Hälfte der Internetnutzer ist es sehr wichtig, beim Surfen anonym zu bleiben. Bei der Abfrage von **persönlichen Daten** ist deshalb darauf zu achten, dass die Eingabe freiwillig erfolgen kann und dies auch mit Wissen des Users geschieht. Der Anbieter muss verständlich erklären, was er mit den Daten bezweckt. Nicht gerade selten werden persönliche Daten an Adresshändler verkauft. Als Folge wird dem User Werbung zugesandt, die er nicht angefordert hat. Bemerkt der User, dass seine Daten weiterverkauft wurden, ist der Vertrauensverlust gegenüber dem Anbieter groß.

Daher sollten Sie persönliche Daten möglichst nur in dem Umfang abfragen, wie es für das deutlich erklärte Ziel einer Transaktion unbedingt notwendig ist. Jede weitere Abfrage, die der User beantworten muss, trägt nicht zu einer Vertrauensbildung bei. Demgegenüber bewirken freiwillige Angaben, die der User ohne Zeitverlust auch umgehen kann, noch keinen Vertrauensverlust.

2.4.3.4 Unprofessionelle Gestaltung

Ein weiterer Aspekt, der die Vertrauensbildung im Internet hemmt, ist eine **unprofessionelle Gestaltung**. Websites, die solch einen Eindruck erwecken, lassen darauf schließen, dass auch die Abwicklung von Transaktionen unprofessionell durchgeführt wird. Eine Studie belegt, dass eine professionelle Gestaltung der Internetpräsenz eine notwendige Voraussetzung für die Schaffung von Vertrauen ist.[81] Hierzu gehören nicht nur das Layout, sondern auch die Gestaltung der Navigation, die Bedienbarkeit der Seite und die Verständlichkeit der Inhalte. Über **Usabilitytests**, die genau dieses überprüfen, lässt sich im Vorfeld feststellen, ob die Anforderungen von Internetusern an eine Website erfüllt werden. Außerdem kann festgestellt werden, wie die entsprechenden Zielgruppen mit dem Angebot zurechtkommen. Kein Designer oder Webprogrammierer kann im Voraus abschließend beurteilen, ob und wie die tatsächlichen User mit dem Angebot umgehen werden. Das liegt im Wesentlichen daran, dass die Produzenten der Internetpräsenzen eine ganz andere Kenntnis des Angebotes und seiner Funktionsweise haben als die User. Ein unabhängiger Test aus Sicht von Internetusern sollte daher jedem Launch vorausgehen.

2.4.3.5 Cookies

Cookies sind „Merkhilfen" für den Web-Server. Sie können für den Anbieter und auch für den User hilfreich für einen kundenfreundlichen und effizienten Dialog sein. So ist es möglich, User nach der Anmeldung bei jedem Aufruf der Seite persönlich anzusprechen. Auch persönliche Daten zum Bestellen müssen nicht mehrfach vom User eingegeben werden.

Trotzdem haben Cookies bei Usern häufig einen sehr schlechten Ruf, denn der Web-Server legt Zeichenketten auf dem Rechner des Nutzers ab. Wenn der User zu einem späteren Zeitpunkt über eine Internetseite wieder den Web-Server anspricht, erkennt dieser ihn anhand des Cookies auf dem Rechner. Doch der Internetuser kann nicht nachvollziehen, was diese Zeichenketten auf seinem Rechner bewirken. Er muss darauf vertrauen, dass sie nur als Merkhilfe dienen.

Anbieter sollten daher zwischen den **Vorteilen** und der **Unbeliebtheit von Cookies** abwägen. Wer sich für den Einsatz von Cookies entscheidet, sollte dem User die Vorteile verdeutlichen. Außerdem ist der Internetnutzer darauf hinzuweisen, dass der Cookie über die genannten und erforderlichen Eigenschaften keine weiteren Funktionen ausführen kann.

Action

"Und Neugier beflügelt jeden Schritt."

(Goethe)

2.5 Aktivierung zum Weiterklicken

2.5.1 Emotionale Kundenansprache

In der letzten Stufe einer erfolgreichen Web-Präsentation kommt es darauf an, den User zum Weiterklicken zu animieren. Dies muss das Ziel jeder Homepage-Gestaltung sein, denn nur so ist der Kauf und damit kommerzieller Erfolg zu erzielen.

Einen wesentlichen Einfluss auf die Bereitschaft des Users, sich tiefer in das Angebot zu klicken, übt die Zufriedenheit der Kunden mit dem bisher Angebotenen aus. Ist der User mit dem ersten Eindruck – der Homepage – zufrieden, dann kann er über verschiedenartige Anreizsysteme zu weiteren Klicks aktiviert werden.

Der Anbieter steht somit vor der Herausforderung, der Zufriedenheit einen Mehrwert hinzuzufügen und so den subjektiven Nutzen zu erhöhen, den der Anwender durch die Nutzung des Angebots für sich wahrnimmt. Der Wert des Angebots kann positiv beeinflusst werden, indem die Bedürfnisse der User angesprochen werden. In diesem Zusammenhang knüpfen wir an die im ersten Kapitel beschriebenen motivationalen Aspekte der Homepage-Gestaltung an.

Bereits in der Motivationstheorie von MASLOW ist u.a. von Bedürfnissen nach Zugehörigkeit, Wertschätzung und Selbstverwirklichung die Rede.[82] Dies sind soziale Bedürfnisse, die das Motiv

für die Menschen bilden, zwischenmenschliche Beziehungen ein-
zugehen und sich als Kunde freiwillig an einen Anbieter zu binden
(Bindungsmotiv). Bemerkenswert ist hierbei, dass Geschäftsbe-
ziehungen, die auf zwischenmenschlichen Kontakten beruhen, be-
züglich der Bindungsorientierung durchaus mit privaten Beziehungen vergleichbar sind, allerdings in abgeschwächter Form. Sobald der Kunde den Geschäftspartner für geeignet hält, seine
ökonomischen und persönlichen Bedürfnisse zu befriedigen, ist er
geneigt, die Bindung zu intensivieren und sich loyal zu verhalten.

Im Internet führt somit die positive Einschätzung eines Online-An-
bieters und dessen Homepage tendenziell zu der Bereitschaft,
sich über weitere Klicks tiefer in das Angebot zu bewegen und im
Idealfall beim Anbieter einzukaufen.

Eine positive Einschätzung ist zu erreichen, indem Emotionen,
Motive und Einstellungen gezielt angesprochen und die User-Be-
dürfnisse über eine entsprechende inhaltliche Gestaltung der
Website befriedigt werden. Die inhaltliche Website-Gestaltung
kann sowohl vom Anbieter als auch vom Kunden geprägt werden.
Im Folgenden sollen einige Möglichkeiten aufgezeigt werden.

2.5.2 Förderung der Kundenbindung

2.5.2.1 Redaktionell generierter Content

Bei redaktionell generiertem Content handelt es sich um Informationen, die von dem Website-Betreiber beschafft, organisiert und
den Nutzern zur Verfügung gestellt werden. Die Informationsbe-

schaffung kann durch eine eigene Redaktion oder durch einen externen Content-Provider erfolgen. Die Bereitstellung der Informationen erfolgt i.d.R. webbasiert auf den Seiten des Online-Angebots in Form von **redaktionellen Artikeln** (s. Abb. 98).

Abb. 98: Redaktioneller Artikel bei travelchannel.de.[83]

Dies ermöglicht, die Kunden mit Wissenswertem rund um die angebotene Produktpalette zu versorgen und ihnen nützliche Informationen zu liefern, die zur Entscheidung für den Erwerb eines Produktes beitragen können. Häufig haben redaktionelle Artikel auch einen unterhaltenden Charakter und vermitteln ein Erlebnisgefühl.

Ferner können redaktionelle Inhalte auch in Form von **Informationsarchiven und Datenbanken** vorliegen. Dabei wird über da-

tenbankgestützte Suchmasken der Zugang zu Dokumenten ge-
währleistet, die auf einem Server des Betreibers gespeichert sind.

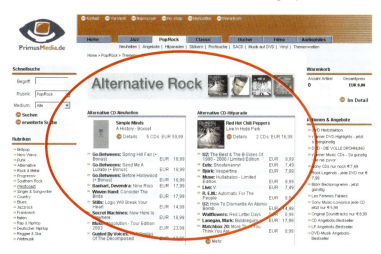

Abb. 99: „Best-of"-Liste: die 100 meistverkauften Album-Titel.[84]

Psychologisch sehr empfehlenswert ist eine **„Best-of"-Liste** (s.
Abb. 99). Sie bietet den Nutzern eine Orientierung, indem sie beispielsweise die zehn am häufigsten gekauften Produkte des
Online-Shops auflistet. Auf diese Weise würde potenziellen Kunden vor Augen geführt, welche Produkte von der Mehrheit gekauft
werden. Insbesondere bei Unsicherheit orientieren sich viele
Menschen am Mehrheitsverhalten.

Eine weitere Erscheinungsform redaktioneller Inhalte sind sog.
„FAQ" (s. Abb. 100). Diese Abkürzung steht für „Frequently Asked
Questions". Sie stellt einen Bereich des Internetauftritts dar, der
Nutzern durch Wiedergabe häufig gestellter Fragen und deren

Antworten eine Hilfestellung bietet. Ein Besucher der Website erhält gesuchte Informationen, ohne eine eigene Anfrage stellen und die Antwort abwarten zu müssen. Dies spart dem User Zeit, solange er keine individuellen Fragen hat.

Abb. 100: „FAQ" bei IKEA.[85]

Weitere Möglichkeiten der webbasierten Bereitstellung von redaktionellen Inhalten sind beispielsweise Kalender, Internet-Radio, Softwarearchive, Unternehmensdatenbanken, Presseinformationen über das eigene Unternehmen oder Hilfsdatenbanken für Abkürzungen, Glossare, Warencodes, etc.

Neben der webbasierten Bereitstellung kann **redaktioneller Content auch E-Mail-basiert** zur Verfügung gestellt werden. Ein prägnantes Beispiel stellt der **Newsletter** dar (s. Abb. 101). Es handelt sich dabei um ein Nachrichtenrundschreiben, welches per E-Mail in bestimmten Abständen an Abonnenten gesendet wird. Interessant ist hierzu das Ergebnis einer Befragung des E-Mail Marketing Dienstleisters PROMIO.NET[86]. Danach erklärten rund ein Viertel der repräsentativ befragten Surfer, zehn oder mehr Newsletter abonniert zu haben. Etwa 65% lesen alle abonnierten Newsletter. Ungefähr 60% lesen diese unmittelbar nach deren Eingang. Doch Vorsicht vor reinen Werbe-E-Mails. Auch wenn die Nutzer deren Erhalt zuvor akzeptiert haben: Knapp die Hälfte der Befragten lesen sie nur zum geringen Teil oder gar nicht. Dies verdeutlicht die Notwendigkeit, Newsletter unbedingt mit einem Mehrwert für den Nutzer zu verknüpfen. Ansonsten gerät er gefährlich nahe an die ungeliebten Spam-Mails – egal ob dem Erhalt irgendwann zugestimmt wurde oder nicht.

Eine besonders nützliche Funktion erhält der Newsletter als Service-Instrument in Ergänzung zum Produkt, wenn dem Käufer Anwendungsberichte oder Ratschläge zur Verwendung mitgeteilt werden. Aufgrund der vorhandenen Daten über den Surfer kann auf Angebote und Informationen der Website aufmerksam gemacht werden, die den Interessen der Zielgruppe entsprechen.

Abb. 101: Newsletter von Tchibo.[87]

Der Newsletter sollte regelmäßig verschickt werden und Informationen enthalten, die im Detail durch einen Klick auf einen Hyperlink erreicht werden können. Auf diese Weise gelangen die Leser auf die Seite des Anbieters. Durch eine Auswertung der angeklickten Nachrichten können dann künftige Inhalte noch zielgruppenspezifischer zugeschnitten werden.

In diesem Zusammenhang sei empfohlen, dem Abonnenten bei der Anmeldung eine Themenauswahl zur Verfügung zu stellen. Fast unverzichtbar ist mittlerweile die Personalisierung von Newslettern, indem der Kunde mit Namen angesprochen wird.

Der Energieversorger GVG in Hürth lässt sogar seine Key-Account-Manager mit Bild als Absender des Newsletters „VIPmail" auftreten (s. Abb. 102). Die Empfänger erhalten so quasi elektronische Post von ihrem persönlichen Kundenbetreuer.

Sobald nun das erste Ziel erreicht ist, nämlich der Klick des Users von der Homepage auf eine weitere Seite, kann man auch dort zum Weiterklicken animieren, indem die redaktionellen Inhalte geschickt auf mehrere Unterseiten verteilt werden. Die Klickfreudigkeit der User wird dabei allerdings auch manchmal überschätzt. Eine nervende Angelegenheit wird es für den User, wenn er sich für wirklich interessante Themen durch unzählige Seiten klicken muss. Allein um bei einem Preisvergleich den Euro-Preis für einen Espresso in fünfzehn europäischen Metropolen zu erfahren, musste man sich beispielsweise bei einer großen Online-Zeitung durch fünfzehn Seiten klicken. Hier musste man schon großer

Espresso-Fan sein, um nicht auf halbem Weg entnervt aufzugeben.

Abb. 102: „VIPmail" von GVG Hürth.[88]

2.5.2.2 Vertrauen durch virtuelle Kommunikation

Auf die große Bedeutung des Vertrauens für den Kunden beim Interneteinkauf wurde bereits hingewiesen. Durch den Aufbau einer persönlichen Beziehung zu einzelnen Mitarbeitern eines Anbieters kann für den Kunden in dieser Hinsicht ein großer Mehrwert entstehen.

Im stationären Handel steht der Kunde den Verkäufern persönlich gegenüber. Hierbei spielt die Art und Weise der Kommunikation eine besondere Rolle. Der Kommunikationspsychologe SCHULZ VON THUN verweist dabei auf verschiedene Ebenen der Nachrichtenübermittlung (s. Abb. 103): Neben der Übermittlung des ei-

gentlichen Inhalts der Nachricht (Sachinhalt), ist für die erfolgreiche Kommunikation vor allem der Beziehungsaspekt von großer
Bedeutung.

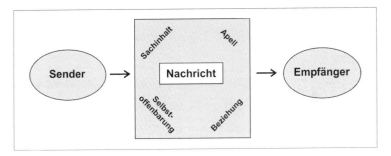

Abb. 103: Das Sender-Empfänger-Modell von Schulz von Thun.[89]

Über die Beziehungsebene einer Kommunikation wird übermittelt,
in welcher informellen Nähe sich der Absender der Botschaft zum
Empfänger befindet. Untersuchungen zeigen, dass in einem Ver-
kaufsgespräch zum größten Teil nonverbal kommuniziert wird. Zur
nonverbalen Kommunikation zählen das Lächeln und die wohlmei-
nende Körperhaltung eines Verkäufers. Gerade diese so wichtige
Beziehungsebene für eine erfolgreiche Kommunikation lässt sich
über das Internet nicht so einfach gestalten. Die Wahrnehmung
des Gesichtsausdrucks des Gegenübers, seiner Gestik und die
Betonung in einem Gespräch müssen im Internet ersetzt werden
durch Darbietungen, die der User über den Bildschirm wahrnehmen kann. Damit bekommen Aspekte, wie die Farbwahl, der Einsatz von Bildmaterial und Grafiken, sowie die Anordnung und Hervorhebung von Texten in dieser Hinsicht eine besondere Bedeutung.

Ein möglicher Ansatz zur Integration des beschriebenen Beziehungsaspektes in die Online-Kommunikation wird beispielsweise von YELLO STROM verfolgt. Ein freundlicher weiblicher Avatar[90] namens „Eve" kommuniziert mit dem Kunden und lässt dabei auch die entsprechende wohlwollende Gestik und Mimik nicht vermissen (s. Abb. 104).

Wenn man bei einem Online-Shop also auch (noch!) keinen realen Verkäufer zu sehen bekommt, so hat man doch vielfältige Gestaltungsmöglichkeiten, eine Beziehungsnähe zum potenziellen Kunden aufzubauen.

Abb. 104: Der Avatar „Eve" von Yello Strom.[91]

Weitere Varianten der Kommunikation im Internet, wie E-Mail, Online-Chats oder Foren werden im nachfolgenden Kapitel näher besprochen. Die positive Wirkung dieser Art der persönlichen Kommunikation sollte nicht unterschätzt werden. Automatisierte E-Mail-Antworten sind nur ein sehr schlechter Ersatz für den persönlichen

Kontakt. Sollten sich solche automatisierten Antworten nicht vermeiden lassen, so sollte dem Kunden dennoch bei Bedarf eine
Kommunikation mit einem Mitarbeiter über E-Mail oder Telefon ermöglicht werden. Hierzu bietet sich beispielsweise die Integration
eines **Call-Back-Buttons** an. Dann könnte die Kundenanfrage
von Experten im Innendienst beantwortet werden. Durch diese Art
der kompetenten Hilfe kann das Vertrauen der Kunden wiederum
verstärkt werden.

Bemerkenswert ist hierbei das Ergebnis einer Untersuchung von
EMIND@EMNID im Auftrag des Deutschen Direktmarketing Ver-
bands[92]: Mehr als zwei Drittel der Befragten halten die individuelle
Beratung per E-Mail für wichtig oder sehr wichtig. Damit steht die
Bedeutung der E-Mail-Anfrage noch vor dem Bedürfnis, per Telefon mit Mitarbeitern des Anbieters in Kontakt zu treten. Die individuelle Beratung am Telefon hielten nur 55% für wichtig oder sehr
wichtig. Allerdings haben fast 50% schon die Erfahrung gemacht,
dass Online-Händler oder -Dienstleister auf eine E-Mail gar nicht
geantwortet haben. Hingegen waren nur 22% der Befragten der
Ansicht, dass die telefonische Auskunft unzureichend war.

2.5.3 Kundengemeinschaften fördern

2.5.3.1 Virtuelle Communities

Durch die Integration von Kommunikation und Inhalt entstehen virtuelle Gemeinschaften, die sich in der Regel auf einen thematischen Schwerpunkt beziehen. RHEINGOLD prägte in diesem Zu-

sammenhang den Begriff „Virtual Community". Er versteht darunter soziale Zusammenschlüsse, die im Internet entstehen, wenn genügend Teilnehmer miteinander kommunizieren „und dabei ihre Gefühle einbringen, sodass im Cyberspace ein Geflecht persönlicher Beziehungen entsteht"[93]. Innerhalb der virtuellen Community schließen sich Individuen zusammen, die gemeinsame Werte und Interessen teilen. Menschen werden von virtuellen Communities angezogen, weil sie ein angenehmes Umfeld zum Aufbau von Kontakten darstellen. Diese Interaktion basiert u.a. auf dem Wunsch, das individuelle Bedürfnis nach zwischenmenschlichen Beziehungen (Bindungsmotiv) zu befriedigen.

FIGALLO verdeutlicht, dass die Mitglieder einer virtuellen Community sich als Teil eines größeren sozialen Ganzen fühlen.[94] Es entsteht ein Netz aus Beziehungen zwischen den Mitgliedern und ein ständiger Austausch von Informationen untereinander, an dem sich auch der Organisator beteiligt. In der Regel bestehen diese Beziehungen auf Dauer, wodurch sich mit der Zeit auch gemeinsame Erfahrungen und Erinnerungen entwickeln. Damit entsteht Vertrauen und Loyalität gegenüber der Gruppe und somit auch gegenüber dem Organisator der Community, der diesen Zustand ermöglicht und fördert. Somit appelliert eine virtuelle Community an das Bindungsmotiv durch die Ansprache des „Wir-Gefühls" und ermöglicht damit die Entstehung von Kundenloyalität.

Nach HAGEL und ARMSTRONG kann der Aufbau einer virtuellen Community von einem kommerziellen Organisator gezielt gesteuert werden.[95] Es geht um die Gewinnung von Mitgliedern, die einen interessierten Kundenstamm für eigene Produktangebote darstellen oder auch als möglichst trennscharfe Zielgruppe vermarktet werden können. Wichtig ist dabei die Konzentration auf einen thematischen Schwerpunkt, um den sich die Kommunikation drehen sollte. Dadurch können potenzielle Mitglieder die Informationsressourcen der Community schnell erfassen und entscheiden, ob diese zur Befriedigung ihrer Bedürfnisse geeignet sind. Organisatoren einer Community können sich auf diese Interessenschwerpunkte konzentrieren und somit besser auf ihre Mitglieder eingehen.

Die Möglichkeit, sich innerhalb einer virtuellen Community mit anderen auszutauschen, die gleiche Interessen haben, übt eine starke Anziehungskraft auf viele Menschen aus. So kann das Bedürfnis nach Pflege von Interessen sogar Menschen vor den Bildschirm locken, die sich ansonsten kaum vor einen Computer setzen würden.

Neben dem Bedürfnis nach zwischenmenschlichen Beziehungen und der Teilung gemeinsamer Interessen werden in der Literatur weitere soziale und kommerzielle Bedürfnisse genannt, deren Befriedigung die Menschen im Internet suchen. Dazu zählen:

- Fantasie ausleben,
- Geschäfte tätigen,
- gezielte Informationen erhalten.

Besonders in unterhaltungsorientierten virtuellen Communities wie den Multi-User-Dimensions (MUD)[96] spielt das Ausleben von Fan-

189

tasie eine Rolle. MUD sind organisierte Netzumgebungen, in denen die Nutzer eine Vielzahl von Fantasierollen annehmen und mit anderen Teilnehmern in sich entwickelnden Spielen interagieren können. Diese Spiele können sich über Jahre hinziehen. Solche Simulationsspiele wären in abgewandelter Form auch für kommerzielle, verbraucherorientierte Communities vorstellbar: Mitglieder könnten so an bestimmte Themen herangeführt werden und auf spielerische Weise mit dem Anbieter und anderen Kunden interagieren.

Die Konzentration einer Community auf einen bestimmten Themenfokus und das ergänzende Angebot von Produkten kann ein sehr spezifisches Kundenbedürfnis nach Geschäftsabwicklung ansprechen. So können Sammlerstücke oder andere Produkte angeboten werden, die im Handel normalerweise schwer zu bekommen sind.

Im Internet wird eine schnelle und einfache Informationsbeschaffung immer schwerer, da die angebotene Menge an Informationen mit hoher Geschwindigkeit wächst und damit immer unübersichtlicher wird.[97] Gerade in diesem Punkt können virtuelle Communities vorteilhaft wirken. Sie reduzieren die Überlastung der Nutzer, da Informationen aufgrund des spezifischen Themenfokus im Voraus selektiert werden.

Insgesamt können virtuelle Communities viele der vorgenannten Bedürfnisse gleichzeitig befriedigen. Selbst das fehlende Einkaufserlebnis des stationären Einzelhandels kann in gewisser Weise durch psychologische Maßnahmen kompensiert werden,

wenn beispielsweise durch die Verknüpfung des virtuellen Ein-
kaufs mit Unterhaltungsangeboten oder dreidimensionalen virtuellen Räumen ein Erlebniseinkauf im Sinne eines Computerspiels
erzeugt wird. Dies trägt zum Unterhaltungswert bei und kann von
den Beteiligten durchaus als „Erlebnisqualitäten repräsentierend"
empfunden werden.

Abb. 105: Virtuelle Räume: Artothek der Investitionsbank Berlin.[98]

2.5.3.2 Durch die Nutzer generierter Content

Im Gegensatz zum redaktionell generierten Content werden die Informationen beim nutzergenerierten Content durch die Besucher
der Website erzeugt. Der Informationsaustausch zwischen den
Nutzern erfolgt auf freiwilliger Basis. Es wird keine unmittelbare
Gegenleistung erwartet.

Dieser Content ist typischerweise Bestandteil der bereits zuvor dargestellten virtuellen Community und trägt damit zu ihrer hohen emotionalen Bindungswirkung bei. Deshalb sollen im Folgenden ein paar wesentliche Erscheinungsformen von nutzergeneriertem Content dargestellt werden, die das Unternehmen zur Attraktivitätssteigerung der Website einsetzen kann.

Zunächst sei auf **Rezensionen und Kritiken** hingewiesen. Durch Rezensionen und Kritiken können User die eigene Meinung zielgerichtet zu einem Produkt oder einer Dienstleistung einbringen. Ein viel zitiertes Beispiel einer Community mit Rezensionen ist AMAZON. Dort hat jeder Besucher oder Käufer die Möglichkeit, Kritik zu beliebigen Produkten zu äußern. Durch die Bereitstellung von Rezensionen und Kritiken erhalten Kunden ein eher objektiv ausgerichtetes Urteil über die Attraktivität des Produktes. Gerade die emotionalen Aspekte Vertrauen und Glaubwürdigkeit des Angebots werden hierdurch stark gefördert.

Der Anbieter sollte diese Kritiken stets aufmerksam verfolgen, da Rezensionen eine direkte Auswirkung auf das Kaufverhalten nachgewiesen worden ist.

Auch die **Selbstdarstellung der Mitglieder** innerhalb einer virtuellen Community kann ein sehr interessantes Modul sein, weil der User hierdurch sein Informationsbedürfnis individualisieren kann. Dabei verweist der Organisator beispielsweise auf Homepages, die von Mitgliedern selbst erstellt wurden und zum Themengebiet der Community passen.

Eine sehr ausgeprägte Form der Selbstdarstellung wurde von Cycosmos.com in Form der sog. ID-Card angeboten. Hier hatten Mitglieder die Möglichkeit, aus verschiedenen vorgegebenen Eigenschaften die eigenen auszuwählen. So konnten etwa Musikgeschmack oder persönliche Interessen angegeben werden. Zusätzlich konnte sich jedes Mitglied einen eigenen Avatar aussuchen und ihm ein entsprechendes Aussehen (Kleidung, Frisur) geben.

Gibt man dem User das Gefühl, nicht allein zu sein, sondern sich mit Gleichgesinnten austauschen zu können, so wird sein sozialer Bindungstrieb angesprochen. Hierzu bieten sich unterschiedliche Module an, die nachfolgend kurz erläutert werden sollen.

Blackboards sind elektronische schwarze Bretter für Nachrichten und Dateien. Ein Blackboard eignet sich hervorragend für die Schaltung von Kleinanzeigen und könnte beispielsweise im Rahmen eines Anzeigenmarktes verwendet werden.

Foren dienen der zeitversetzten Diskussion zu verschiedenen festgelegten Themenbereichen. Im Gegensatz zu Blackboards sind hier Antworten auf die Beiträge für alle Nutzer einsehbar. Im Laufe einer Diskussion entsteht so ein Hierarchiebaum von Beiträgen, der es Besuchern erlaubt, sich jederzeit der Diskussion anzuschließen. Durch die Speicherung der Beiträge entsteht eine Art Historienentwicklung der Community. Das Auswerten dieser Beiträge durch die User kann diesen ein Gefühl für die Hintergründe und Umgangsformen der Community geben.

Abb. 106: Foren bei livingathome.de.[99]

Mailing-Listen ermöglichen eine zeitversetzte Kommunikation zwischen mehreren Nutzern über die E-Mail-Funktion. Die Teilnehmer der Mailing-Liste schicken eine Nachricht an die gemeinsame Listenadresse. Innerhalb einer Diskussion werden dann alle Fragen, Antworten und Reaktionen an die Teilnehmer gesandt. So können Mailing-Listen als Online-Diskussionen beschrieben werden, „deren Frequenz von der Häufigkeit der Postabfrage der Teilnehmer abhängt".

Da E-Mails heute oft mehrmals täglich verschickt und gelesen werden, kann eine Mailing-Liste schnell einen großen Umfang mit interessanten Informationen erreichen. Allerdings sollten nicht mehr als drei bis fünf Beiträge pro Tag verschickt werden, um nicht aufdringlich zu wirken. Bei einem zu großen Umfang sollte die Liste in speziellere Themen unterteilt werden. Mit zunehmender Anzahl an Beiträgen empfiehlt es sich für den Organisator außerdem, die Mailing-Liste zu moderieren. So wird jeder Beitrag zuerst geprüft, ob er zur Weiterleitung an sämtliche Teilnehmer der Mailing-Liste geeignet ist. Außerdem ist die Moderation ein adäquates Mittel, um neue Teilnehmer zu begrüßen, die Konversation zu fördern und „Störenfriede" in die Schranken zu verweisen. Aufgrund der persönlichen Ansprache der Nutzer kann deren Streben nach Anerkennung gefördert und damit das Image des Anbieters verbessert werden.

Im Gegensatz zu Foren und Mailing-Listen ist ein **Online-Chat** durch eine synchrone Kommunikation gekennzeichnet. Durch Chat-Software können physisch getrennte Nutzer über die Tastatur in Echtzeit Nachrichten austauschen. Diese direkte Kommunikation mit anderen Nutzern erfolgt in Channels, auch Chat-Rooms genannt. Hier tauschen sich Gleichgesinnte über ein bevorzugtes Thema aus.

Die ausgetauschten Daten werden hierbei in der Regel nicht aufgezeichnet.

Neben den rein textbasierten Online-Chats existieren auch grafische Oberflächen, auf denen der einzelne Nutzer sich meist in Form seines eigenen Avatars präsentiert. Dabei können zwei- und dreidimensionale Chat-Welten unterschieden werden.

Der heutige Stand der Technik erlaubt inzwischen auch die Übertragung von Sprache über das Internet. Diese Entwicklung begünstigt den Aufbau eines Voice-Chats, wie er beispielsweise von

HearMe.com realisiert wurde. Auch Chats in Form von Video-Konferenzen sind denkbar.

Aufgrund der synchronen Kommunikation eignen sich Online-Chats besonders für dringende Kundenanfragen, die einer umgehenden Beantwortung bedürfen. Dies kann in Form eines ständig aktiven Chat-Rooms erfolgen oder es werden Termine festgelegt, an denen Mitarbeiter innerhalb eines Online-Chats ansprechbar sind und für eine Beratung zur Verfügung stehen.

Online-Chats eignen sich auch für die Durchführung von Events, wie z.B. Besprechungen, Interviews, Spiele und Diskussionen zu bestimmten Themen. Durch solche Chat-Events können themenaffine Nutzer angelockt und eine größere Menge an Teilnehmern erreicht werden. Damit wird die Wahrscheinlichkeit einer regen Kommunikation erhöht. Nach BRUNOLD u.a. sollten sich im Chat idealerweise immer mindestens drei bis fünf Teilnehmer gleichzeitig aufhalten, um eine ständige Akzeptanz zu erreichen.[100]

Chat-Events sollten innerhalb eines Veranstaltungskalenders übersichtlich präsentiert werden. Um einen langfristigen Besucherstrom zu gewährleisten, ist anzuraten Events regelmäßig durchzuführen. Damit lässt sich eine Gewohnheit bei den Nutzern aufbauen und die Kundenbindung fördern.

Beim **Instant Messaging** handelt es sich um ein Kommunikationsmodul, welches insbesondere durch die Software ICQ von MIRABILIS bekannt geworden ist. Es ermöglicht, andere Nutzer auf beliebigen Internetseiten zu identifizieren und mit ihnen via

E-Mail oder Chat zu kommunizieren. Zur Anwendung von Instant Messaging ist es nötig, dass alle Teilnehmer das gleiche Zusatzprogramm verwenden. Dieses muss immer zusätzlich zum Browser im Hintergrund aktiv gehalten werden. Üblicherweise erscheinen die Nachrichten in einem gesonderten Fenster, das sich über das bereits geöffnete Browserfenster legt.

Weitere Module, die der Förderung von Kommunikation dienen, sind die Buddy-List und der Matchmaker. Bei einer **Buddy-List**, wie sie beim AOL Instant Messenger Anwendung findet, handelt es sich um einen Software-Dienst, der das System kontinuierlich auf das Vorhandensein vordefinierter Benutzer überprüft. Sobald sich ein in der Buddy-List eingetragener Nutzer einloggt, erscheint sein Name auf der Liste. Somit weiß der Anwender der Buddy-List sofort, welche seiner „Buddies" (engl.: Kumpels, Freunde) gerade online sind und kann über ein Instant-Messaging-Programm mit ihnen kommunizieren. Für die Anwendung eines **Matchmakers** ist es notwendig, dass das Mitglied vorher ein Eigenprofil festlegt. Dieses wird dann innerhalb einer Datenbank mit den Profilen anderer Mitglieder verglichen. Schließlich kann der Anwender eine Auswertung der übereinstimmenden Eigenschaften abrufen. Dieses Modul wird hauptsächlich in Communities verwendet, deren zentraler Fokus auf dem Aufbau von Freundschaften oder der Partnervermittlung liegt.

2.5.4 Klickanreize durch emotional geprägte Angebote

2.5.4.1 Materielle Anreize

Damit Kunden erkennen können, ob die angebotenen Produkte zur Befriedigung ihrer individuellen Bedürfnisse geeignet sind, müssen sie sich ausreichend über die Produkte informieren können. Hierzu bietet sich die Integration von **Produktproben** an. So können Software-Anbieter Testversionen ihrer Produkte zum Download anbieten oder Seminarveranstalter geben den Nutzern vorab Einblick in die digitalisierten Seminarunterlagen. Über solche kostenlosen Proben können sich potenzielle Kunden informieren, bevor sie etwas erwerben. Außerdem sprechen Produktproben sowohl die Neugier als auch die Bequemlichkeit der Kunden an und tragen somit zur situativen Kundenbindung bei.

Der Kaufpreis der angebotenen Produkte und Dienstleistungen stellt für den User einen monetären Aufwand dar. Der niedrige Kaufpreis von **Sonderangeboten** reduziert diesen Aufwand und beeinflusst den Mehrwert positiv. Die prominente Platzierung eines Sonderangebotes weckt Neugier beim Nutzer und ist ein „Hingucker". Es veranlasst ihn dazu, mit weiteren Klicks mehr über das angebotene Produkt zu erfahren.

Bei **Online-Auktionen** bieten die Teilnehmer Waren und Dienstleistungen zum Verkauf an. Die Person mit dem höchsten Gebot wird schließlich Eigentümer der Ware oder Dienstleistung. Online-Auktionen können auch als Nutzer-generierter Content angesehen werden, solange jeder Website-Besucher die Möglichkeit hat, selber Waren oder Dienstleistungen anzubieten. Mitunter werden On-line-Auktionen auch als eigenständige virtuelle Communities betrachtet. Für den Betreiber eines Online-Shops bietet sich die Möglichkeit, eine eigene Online-Auktion auf seinen Seiten zu integrieren. Durch eine Auswahl jeweils unterschiedlicher Artikel aus dem Stammsortiment, die dann mit einem niedrigen Startpreis zur Versteigerung angeboten werden, können Besucher und Kunden zu einer wiederholten Wiederkehr auf die Seite gebracht werden. Dabei stellt der niedrige Startpreis ein „Schnäppchen" dar, das den finanziellen Aufwand der Kunden psychologisch mindert und an deren Neugier appelliert. Durch Online-Auktionen wird das Motiv des Variety-Seeking (Bedürfnis nach Abwechslung) innerhalb eines Angebots angesprochen. So können sie die Kunden demnach schon an den Anbieter binden, bevor diese etwas gekauft haben.

Spätestens seit dem „Moorhuhn-Wahn" wissen wir: Spielen macht Spaß. Unter dem Deckmantel des Vergnügens und Gewinnens geht vom Spiel ein hohes Kommunikations-, Faszinations- und Kultpotenzial aus. **Gewinnspiele** stellen nicht nur in der Direktwerbung wirkungsvolle Bestellanreize dar, sondern sind auch online eine häufig genutzte Methode zur Absatzförderung. Neben dem Anreiz für den Nutzer, kostenlos in den Genuss einer Ware oder Dienstleistung zu kommen und somit die Steigerung des Selbstwertgefühls zu erfahren, wird durch Gewinnspiele die Neugier und der Spieltrieb der Menschen angesprochen. Insbesondere wenn es darum geht, seine Fähigkeiten mit anderen Spielern oder einem Computer zu messen, entwickeln viele Menschen einen ungeahnten Ehrgeiz.

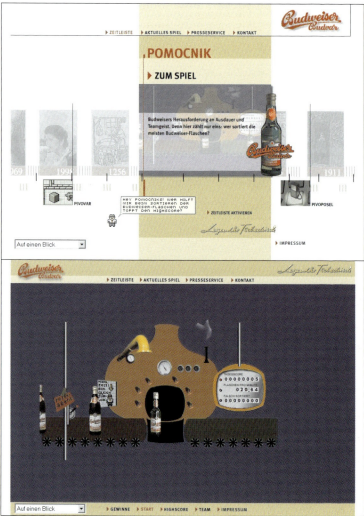

Abb. 107: Online-Spiel der Brauerei BUDWEISER-BUDVAR.[101]

Ein Beispiel für die erfolgreiche Integration von Spielen in Online-Aktivitäten ist die Brauerei BUDWEISER-BUDVAR: Spiele, wie „Pomocnik", bei dem der Spieler grüne bzw. braune Flaschen auf die entsprechenden Fließbänder sortieren muss, sorgten in den ersten zwei Wochen für über eine viertel Million Zugriffe. Das Siegerteam hat im Verlauf des Wettbewerbs sieben Millionen Flaschen sortiert (s. Abb. 107). Attraktive Online-Spiele verbreiten sich durch Mund-zu-Mund-Propaganda sehr schnell im Netz und locken viele neue Nutzer auf die Website.

Auch die Integration von Abenteuerspielen stellt für manche Online-Shops eine sinnvolle Ergänzung dar. Nach einer Studie interessieren sich 75% der surfenden Kinder im Internet besonders für Action-, Abenteuer- und Gewinnspiele.

2.5.4.2 Immaterielle Anreize

Ideal für den Kunden sind Erlebnisse, bei denen er nicht unbedingt etwas kaufen muss. Ein solches Anreizsystem setzt beispielsweise AMAZON mit der **Wunschliste** ein: Hier hat der Anwender die Möglichkeit, Produkte des Anbieters in eine Liste einzutragen, auf die man andere nahe stehende Personen wie Freunde oder Familienangehörige per E-Mail aufmerksam macht (**Wunschmail**). Diese können ihm die ausgewählten Produkte zu Weihnachten oder zum Geburtstag vom Anbieter bestellen. Ein ähnliches Tool bietet das Münchner Internetkaufhaus ARTEDONA mit seiner Hochzeitsliste an (s. Abb. 108). Heiratswillige User können hier ganz komfortabel einen virtuellen Hochzeitstisch für ihre

Hochzeitsgesellschaft einrichten. Durch das Angebot von virtueller Hochzeitsliste, Taufgeschenken inklusive Grußkarte oder Hilfe bei der Beschaffung längst vergriffener Geschirrserien, bedient ARTEDONA seine Kunden so individuell und komfortabel, wie man es in vergleichbaren Offline-Boutiquen nur selten findet.

Abb. 108: Hochzeitsliste bei Artedona.[102]

Die Bereitstellung einer individuellen, webbasierten **E-Mail-Adresse** für die Besucher der Site würde zur häufigen Wiederkehr der Besucher führen, da Nachrichten im Rahmen des Internet-Auftritts des Anbieters geschrieben und abgeholt werden müssten.

Zusätzlich kann die Vergabe einer kostenlosen E-Mail-Adresse mit dem Einverständnis des Nutzers verbunden werden, ihm Informationen per E-Mail senden zu dürfen. Auf diesem Weg ist er über aktuelle Produkte, Themen oder sonstige Aktionen informiert. Diese Informationen würden ihm „automatisch" beim Abholen

seiner individuellen Mail auf der Startseite des Anbieters dargeboten. Eine kostenlose E-Mail-Adresse wird die Kundenbindung
dadurch erhöhen, dass ein Wechsel der E-Mail-Adresse mit einem
entsprechenden Aufwand für den Nutzer verbunden ist.

Ein weiterer Vorschlag ist ein kostenloser E-Mail-Service für registrierte Kunden, der sie zu bestimmten Anlässen, wie beispielsweise Hochzeitstage, erinnert. Ergänzend dazu werden geeignete
Geschenkvorschläge aus dem eigenen Produktrepertoire angeboten.

Neben den persönlichen Gedenktagen bieten sich auch Horosko-
pe, Veranstaltungstipps oder die Erinnerung an ein Online-Event
an. Das nötige Einverständnis des Nutzers muss dabei selbstverständlich immer im Sinne der geltenden Datenschutzgesetze ein-
geholt werden. Dies ist schon allein deshalb nötig, um das Vertrauen der Nutzer zum Anbieter nicht zu gefährden.

2.5.4.3 Produktbegleitende Dienstleistungen

Das Internet kann auch für eine hochwertige Beratung genutzt
werden. Zum einen sammelt sich schon durch die Kommunika-
tionsplattformen, wie die genannten Chats, entsprechendes Know-
how an, welches dem Nutzer zur Verfügung steht. Zum anderen
kann die Website für den Kunden individuell aufbereitet werden.
Als Grundlage dafür können Profile der Nutzer dienen. Diese Profile entstehen aus Kundendaten, die über Autorisierungen, Bestellformulare, Abfragen, Gewinnspiele oder Anmeldungen zu Chat-
Rooms generiert und gespeichert werden. Einzelne Angebote

oder ganze Sortimente können laufend aktualisiert werden, wenn die Produktinformationen über eine Datenbank zur Verfügung gestellt und Informationen über das Kaufverhalten aus vergangenen „Online-Kaufsessions" berücksichtigt werden. Dadurch wird ein aktuelles und für den Kunden bedarfsgerechtes Sortiment angeboten.

Vor allem **nach dem Kauf** sind für die Betreuung der Kunden individuelle Serviceleistungen wichtig. Diese beschränken sich im Internet-Handel allerdings meist auf die Weitergabe von Informationen zur Beratung und Kundenschulung. Zwar sind noch bestimmte Service-Leistungen an physisch präsente Mitarbeiter gebunden, jedoch geht auch hier die Entwicklung weiter. So lassen sich bestimmte Reparaturleistungen über Telekommunikationsleitungen und angeschlossene Computer erbringen.

2.5.5 Chancen und Risiken der Interaktion

Viele Websites bieten derzeit keinen erkennbaren Mehrwert. Stattdessen wird lediglich digitalisiertes Werbe- oder PR-Material gezeigt. Gerade durch die Interaktionsmöglichkeiten des Mediums Internet kann ein enormer Mehrwert für den User geschaffen und Kundenbindung erreicht werden. In einigen Branchen ist man in dieser Hinsicht auch schon recht weit gegangen. So schneiden beispielsweise die Websites der Automobilbranche im Hinblick auf die von Usern erlebte Interaktion besonders gut ab. Nach einer Studie von PSYCHONOMICS waren vor allem interaktive Tools zur Fahrzeugkonfiguration sowie Kontaktformulare interessant.[103]

Allerdings ist auch nicht unbedingt ratsam, den Usern Anwendungen zuzumuten, die zwar Pioniercharakter haben, aber noch nicht ausgereift sind. So ergab die gleiche Studie, dass dies bei Fahrzeugkonfiguratoren häufig der Fall ist. Weniger als die Hälfte der Nutzer war in der Lage, sich mit dem aufwendigen Tool über Preise und Finanzierungsmöglichkeiten zu informieren. Zudem benötigte der getestete Konfigurator eine derart lange Ladezeit, dass viele Nutzer entnervt aufgaben.

Auch Pseudo-Angebote sollten vermieden werden. Dazu zählt sicherlich ein Bildschirmschoner, der die Möglichkeit eröffnet, das Logo eines Unternehmens überaus effektvoll über den Bildschirm schweben zu lassen. Wer möchte schon kostenlos Werbung für andere machen? Genauso wenig verlockend sind Newsletter, die nur uninteressante Pressemitteilungen oder Firmeninterna verbreiten. Hier sollten die Interessen der Zielgruppe dringend berücksichtig werden. Ganz oben auf der Negativ-Hitliste stehen Link-Sammlungen, die den Kunden zu so „geheimen" Plätzen wie YAHOO oder LYCOS führen – was ungefähr so nützlich ist, wie der Eiffelturm als Insider-Tipp für Paris-Reisende.

In diesem Kapitel wurde eine Auswahl von Mehrwert-Diensten vorgestellt, die den Nutzer dazu verleiten sollen, sich von der Homepage aus weiter in das Angebot hineinzuklicken und die Website wiederholt zu besuchen. Trotzdem wird davor gewarnt, möglichst viele interaktive Aktionen anbieten zu wollen. Es geht um das richtige Maß, um den Nutzer nicht zu „erschlagen". Auch in einem guten stationären Einzelhandelsgeschäft bekommt der Kunde die

Gelegenheit, sich erst einmal in Ruhe umzusehen. Ein guter Verkäufer bedrängt ihn nicht gleich mit vielen Angeboten, sondern registriert zunächst sein Verhalten und erkennt seine Bedürfnisse.

Der Mensch, er nennt´s Vernunft

und braucht´s allein,

nur tierischer als jedes Tier zu sein.

(Mephisto in Goethe's „Faust")

3 DIE STEINZEITMENSCHEN ALS WESENTLICHE ZIELGRUPPE

Es steht im Marketing außer Frage, Angebote auf die jeweilige Zielgruppe zuzuschneiden. Doch solche zielgruppenspezifischen Aspekte werden beeinträchtigt, wenn Zielgruppen übergreifende Erkenntnisse vernachlässigt werden. Viele dieser Erkenntnisse wurden in den vorigen Kapiteln vorgestellt. Darüber hinaus zeigt uns die moderne Gehirnforschung mit den heute verfügbaren bildgebenden Untersuchungsverfahren, insbesondere der funktionalen Magnetresonanztomografie als auch der Positronenemissionstomografie (PET), sehr interessante Ergebnisse, die ebenfalls für das Gehirn des Menschen im Allgemeinen und nicht nur für eine spezielle Zielgruppe typisch sind. Es wäre also besonders wichtig, diese auch beim Internet-Auftritt zu berücksichtigen. Denn etwas salopp formuliert gilt: Unser Gehirn hat Steinzeitniveau.[104]

Im Folgenden sollen daher abschließend einige sehr aktuelle Erkenntnisse aus der modernen Gehirnforschung aufgegriffen und gezeigt werden, wie entscheidend deren Nutzung bei der Web-Gestaltung sein kann.

Eine erste für uns wesentliche Erkenntnis ist, dass **Erfahrung für den Menschen etwas sehr Wichtiges ist**, um sich im Leben bes-

207

ser zurechtzufinden. Denn wenn es schon Erfahrungsspuren im Gehirn gibt, kann jede neue eingehende Information leichter verarbeitet werden. Jede einzelne Erfahrung erzeugt Aktivitätsmuster im Gehirn und wird entsprechend repräsentiert. Bei vielen ähnlichen Erfahrungen bleibt letztlich nicht jede einzelne Erfahrung haften, sondern die Wesentlichen gemeinsamen Aspekte, die sich aus allen Erfahrungen rekrutieren.[105] Wenn Sie beispielsweise an eine Zitrone denken, welche Eigenschaften fallen Ihnen dazu ein? Vermutlich die Farbe gelb, eine leicht ovale Form und ein saurer Geschmack. Zwar unterscheidet sich jede Zitrone von einer anderen, aber diese kleinen Unterschiede bleiben nicht im Gedächtnis haften. Diese Erfahrung hilft beim Kauf von Zitrusfrüchten und deren Verwendung wie beim Träufeln einiger Tropfen in den Tee. Sie werden aufgrund Ihrer Erfahrung annehmen, dass die Tropfen sauer und nicht süß sind. Würden Sie das nicht gelernt haben, müssten Sie vielleicht mit der Zunge den Geschmack feststellen, bevor die Tropfen den Tee benetzen. Die Speicherung von gleichartigen Erfahrungen vereinfacht uns das Leben und beschleunigt notwendige Handlungen (Routine). Verankerte Verhaltensweisen geben auch dem User Sicherheit. Vor diesem Hintergrund wäre es fatal, ein Navigationssystem zu entwickeln, dass den bisherigen Erfahrungen der User widerspricht.

Darüber hinaus ist der Mensch ein „Gewohnheitstier". Das gilt nicht etwa nur, weil der Convenience-Gedanke einen branchenübergreifenden Trend darstellt. Viel mehr neigt das Gehirn zur Bequemlichkeit.[106] Autohersteller wissen, was es bedeutet, die Bedienung der Heizungs- und Klimaeinstellung beim Modellwechsel zu verändern. Sie können sich daraufhin vor Reklamationen der Kunden wegen angeblicher Fehlfunktionen nicht retten. Da nützt auch nicht der Hinweis der Hersteller, die Bedienungsanleitung zu lesen. Der Kunde ist bequem, sein limbisches System meldet negative Gefühle, und der Verkaufserfolg wird gefährdet. Auch der Web-User ist „gehirntechnisch" nicht bereit, erst mühsam zu erkunden, wie die Navigation funktioniert, denn das ist sicher nicht sein erklärtes Surf-Ziel. Stattdessen handelt sich dabei um Rahmenbedingungen.

Auf der anderen Seite sucht das Gehirn nach Abwechslung. Schon Säuglinge langweilen sich mit dem, was sie schon kennen.[107] Der Neugiertrieb wurde in den vorherigen Kapiteln schon mehrfach angesprochen. Das bedeutet, dass Menschen mit Veränderungen am ehesten in kleinen Schritten zurechtkommen. Beim Relaunch eines Internet-Auftritts sollte das berücksichtigt werden. Große Veränderungen können abschrecken. Bei der Überarbeitung und Weiterentwicklung von Markenbildern und -zeichen ist diese Erkenntnis für Marktführer seit Jahrzehnten bekannt und wird beachtet.

Im ersten Kapitel wurde erläutert, warum Wahrnehmungen, die wir uns bewusst machen, bereits gefühlsmäßig gefärbt sind. Eine wichtige Konsequenz daraus lautet: **Der erste Eindruck zählt!** Vor diesem Hintergrund kommt der Gestaltung der Homepage eine noch höhere Bedeutung zu, als den mit ihr verknüpften Web-Seiten.

Da nach aktuellen Erkenntnissen von Gehirnforschern sogar *jede* Entscheidung im Kopf mit einer gefühlsmäßigen Beeinflussung gefällt wird, ist es äußerst wichtig, die Gefühle des potenziellen Kunden positiv zu beeinflussen. Der Anblick eines attraktiven Gesichts[108], ein netter Blick[109] und auch ein nettes Wort[110] aktiviert unser dopaminergenes Belohnungssystem im Kopf und erzeugt damit Lustgewinn.[111] Was nun als nettes Wort und welches Gesicht als attraktiv gilt, kann zielgruppenspezifisch zu einer unterschiedlichen Konkretisierung führen. Doch der Verzicht auf solche und ähnliche Elemente wäre die Vernachlässigung wesentlicher nutzbringender Erkenntnisse. Dies gilt im Übrigen auch für potenzielle Kunden im B-to-B-Bereich. Hier wird in vielen Marketing-Büchern ein rationales Handeln und Entscheiden unterstellt. Dies ist jedoch nach heutiger Kenntnis ein Trugschluss. Auch hierbei werden Entscheidungen stark limbisch beeinflusst.[112]

Diese abschließenden Ausführungen machen deutlich, dass viele Marketingaktivitäten vor dem Hintergrund der Erkenntnisse der modernen Gehirnforschung hinterfragt werden müssen. In den letzten Jahren haben Schlagworte wie das sog. „1:1-Mar-keting" und die „Fraktalen Märkte" in vielen Fällen zu einer komplizierten und damit kaum mehr handelbaren Kundenansprache geführt. Segmente, die im Extrem nur noch aus einer Person bestehen, sind vom ökonomischen Aufwand her i.d.R. nicht zu rechtfertigen. Die Erkenntnisse der Neurowissenschaften und der Gehirnforschung machen den Verantwortlichen im Marketing zunehmend deutlich, dass vielmehr generelle „Basics" vernachlässigt werden. Deren konsequente Berücksichtigung lässt eine weit größere akquisitorische und ökonomische Hebelwirkung vermuten, als das individuelle Eingehen auf jeden einzelnen Kunden. Erst wenn sich alle Anbieter die Umsetzung dieser Erkenntnisse als Selbstverständlichkeit zu Eigen machen und damit im Wettbewerb neutralisieren würden, müssten ökonomisch aufwendigere Maßnahmen die Entscheidung zu eigenen Gunsten herbeiführen. Es scheint jedoch so, dass viele Anbieter bereits bei der Berücksichtigung unseres Steinzeitgehirns einiges vernachlässigen. Um es in einer Metapher auszudrücken: Wenn man die Restauranttür verschlossen hält, braucht man sich über Kellner-Service und die besondere Atmosphäre keine Gedanken zu machen. Wir sperren den Kunden aus. Gerade bei der Internet-Gestaltung bleiben noch viele grundlegende Aspekte in der Praxis unberücksichtigt. Behandeln wir den User als „King", haben wir die Chance sein „Hoflieferant" zu werden. Wenn dieses Buch Ihnen in dieser Hinsicht einige Anregungen geben konnte, hat es seinen Zweck erfüllt.

[1] Vgl. Spitzer,M. (2004): Selbstbestimmen, Heidelberg/ Berlin, S.129 ff.

[2] a.a.O.

[3] Häusel, H-G., (2000): Think limbic, Planegg.

[4] Fonds „Jahr des Gehirns 1999" (Hrsg.): Das menschliche Gehirn, Wien-München 1999.

[5] In Anlehnung an Kroeber-Riel, Dr. W.; Weinberg, Dr. P. (1999): Konsumverhalten, S. 50.

[6] In Anlehnung an Kroeber-Riel, Dr. W.; Weinberg, Dr. P. (1999): Konsumverhalten, S. 59.

[7] Nach Kroeber-Riel, Dr. W.; Weinberg, Dr. P. (1999): Konsumverhalten, S. 79.

[8] Vgl. illa-healthcare.de; sowie coffee-nation.de (beides 02.02.03).

[9] Vgl. links: kdvr.de/bilder/landschaften/landschaften.html (02.02.03); rechts: gordenthye.de/titel.htm (02.02.03).

[10] Vgl. dudarfst.de (02.02.03).

[11] Vgl. topdeq.de (05.05.00).

[12] Vgl. debitel.de (20.04.03).

[13] Vgl. camel.de (10.04.04).

[14] Vgl. eventim.de (02.02.03).

[15] Jung, H.; von Matt, J.-R. (2002): Momentum, S. 22.

[16] Vgl. zdm.de (2000).

[17] In Anlehnung an: Meyer-Hentschel, G. (1988): Erfolgreiche Anzeigen, S. 30; sowie Kroeber-Riel, Dr. W.; Weinberg, Dr. P. (1999): Konsumverhalten, S. 103 + 115.

[18] Vgl. knorr.de (02.02.03).

[19] Vgl. porsche.de (02.0.03).

[20] Abb. nach Rosenstiel, L. v. (1969): Psychologie der Werbung, S. 212.

[21] Vgl. palmers.de (02.02.03).

[22] lächelnde Frau villeroy-boch.com (10.04.04); Paar links yves-rocher.de (02.02.03), Frau in Bewegung journalfuerdiefrau.de (02.02.03), Fee saron.de/die_haselfeen.htm (10.04.04) und Babies auf Bank jako-o.de (27.11.03).

[23] In Anlehnung an Kroeber-Riel, Dr. W.; Weinberg, Dr. P. (1999): Konsumverhalten, S. 138.

[24] Vgl. mytoys.de (02.02.03).

[25] Vgl. unclesam.de (02.02.03).

[26] Vgl. http://de.my.yahoo.com/p/d.html; (02.02.03).

[27] Vgl. gmx.de (02.02.03).

212

[28] Vgl. gmx.de (02.02.03); sowie ecowein.de (02.02.03).

[29] Vgl. amazon.de (02.02.03).

[30] In Anlehnung an Kroeber-Riel, Dr. W.; Weinberg, Dr. P. (1999): Konsumverhalten, S. 50.

[31] Vgl. org-rat.de (04.01.04).

[32] Vgl. Seite ohne Bild: grubauer.de (02.02.03); Seite mit Bildern: Tchibo.de (10.04.04).

[33] Kroeber-Riel, W. (1993): Strategie und Technik der Werbung, S. 166.

[34] Firmenlogo: Tauchversand.com (13.03.04); Warenkorb: amazon.de (10.04.04); Home-Button aus dem Microsoft Internet Explorer; Briefumschlag: aph.org (10.04.04); Fragezeichen: karstadt.de (10.04.04); sowie News-Zeichen: web.de (10.04.04).

[35] Vgl. heine.de (13.01.2004).

[36] Vgl. karstadt.de (13.03.04).

[37] Vgl. hochzeits-idee.de (11.04.04).

[38] Vgl. curth-roth.de/pdf/Usability-Navigation.pdf (11.10.2002).

[39] In Anlehnung an: curth-roth.de (11.10.02).

[40] Vgl. deutschepost.de (02.10.04).

[41] Vgl. bellnet.de (17.01.04).

[42] Vgl. cdc.gov/az.do (13.03.04).

[43] Vgl. fuji.de/index_flash.html (11.04.04).

[44] Vgl. hm.com (02.02.03).

[45] Vgl. holsten.de (01.02.04).

[46] Yahoo.de (31.01.04).

[47] Verfremdete Darstellung des Angebotes Yahoo.de (31.01.04).

[48] Vgl. amazon.de (01.02.04).

[49] Vgl. cosmopolitan.de/index.html (11.04.04).

[50] Nach Rosenstiel, L. v. (1969): Psychologie der Werbung, S. 84.

[51] Vgl. google.de (11.04.04).

[52] Vgl. tu-berlin.de/.../BAntMyth/ SO9/Flaggen.gif (11.04.04).

[53] Vgl. links: allegra.de (31.01.04); rechts: sternstunden-des-lebens.com (11.04.04).

[54] Vgl. für den klaren Seitenaufbau: Bahn.de (01.02.04), für den unklaren Seitenaufbau: Bild.t-online.de (01.02.04).

[55] Vgl. amazon.de (13.03.04).

[56] Vgl. villeroy-boch.com (13.03.04).

[57] Vgl. neckermann.de (13.03.04).

[58] Vgl. mercedes-benz.de (13.03.04).

[59] Vgl. Beispiel zur Einbindung von Audio-Dateien: Zeit.de (13.03.04) und musicline.de (31.01.04); Beispiel zur Einbindung von Thumbnails: samnok.de/home/htmlokatgruppen/wohnaccessoires4.html (09.02.04).

[60] Vgl. Beispiel zur Einbindung von Audio- und Video-Berichten: Tagesschau.de (13.03.04); Beispiel zur gleichzeitigen Einbindung verschiedener Abspiel-Möglichkeiten: zdf.de (10.10.02).

[61] Vgl. kika.de (2002).

[62] Vgl. bestattungen-karin-werner.de (2002).

[63] Vgl. u.a. Bayne, K. M. (1997): The Internet Marketing Plan; Werner, A./ Stephan, R. (1997): Marketing-Instrument Internet; Mayer, H./ Illmann, T. (2000): Markt- und Werbepsychologie; Ogily, D. (1975): Geständnisse eines Werbemannes; Teigeler, P. (1982): Verständlich sprechen, schreiben, informieren; Langer, I./ Schulz von Thun, F./ Tausch, R. (19974):Verständlichkeit in Schule, Verwaltung, Politik und Wissenschaft; Dreyer, W. (1996): Die Gestaltung von Online-Angeboten in Hünerberg, R. u.a. (Hrsg.): Handbuch Online-Marketing: Wettbewerbsvorteile durch weltweite Datennetze, S. 183-196.

[64] Vgl. webstyleguide.com (13.06.04).

[65] Vgl. lansend.de (2002).

[66] Vgl. http://de.fc.yahoo.com/t/taliban.html (2002).

[67] Vgl. ikea.de (2002).

[68] Vgl. webstyleguide.com/type/legible.html (13.06.04).

[69] Vgl. bild.t-online.de (2002).

[70] Vgl. spiegel.de/unispiegel (13.06.04).

[71] Vgl. interest.de/produkte/1132.html (2002).

[72] Vgl. zdf.de (2002).

[73] Vgl. United Research Studie: Vertrauen im Internet 2.0, Oktober 2002.

[74] Vgl. TNS Emnid Studie: Online- Shopping weiter im Trend, http://www.emar.de/index.php3?content=content/news/aktuell/detail&meldung, 19.11.01.

[75] Vgl. tchibo.de (18.06.04).

[76] Vgl. neckermann.de (13.03.04).

[77] Vgl. shop-apotheke.com (13.03.04), tauchversand.de (13.03.04), technikdirekt.de (13.03.04).

[78] Vgl. amazon.de (13.03.04), elbenwald.de (13.03.04).

[79] Vgl. TNS Emnid Studie: Online- Shopping weiter im Trend, emar.de/index.php3?content=content/news/aktuell/detail&meldung, 19.11.01.

[80] Vgl. United Research Studie: Vertrauen im Internet, 2001.

[81] Vgl. United Research Studie: Vertrauen im Internet 2.0, Oktober 2002.

214

[82] Vgl. Kotler, P./ Bliemel, F. (1999): Marketing-Management, S. 326f.

[83] Vgl. travelchannel.de (05.10.04).

[84] Vgl. primusmedia.de/musik/ (05.10.04).

[85] Vgl. ikea.de (05.10.04).

[86] Vgl. Promio.net Studie (2002): Potenzial von eMail-Werbung in Deutschland.

[87] Vgl. tchibo.de (05.10.04 bzw. 15.06.04).

[88] Vgl. gvg.de (18.09.03).

[89] Vgl. Schulz von Thun, F. (1981): Miteinander Reden, S. 30.

[90] Avatare sind animierte grafische Figuren, die i.d.R. eine Person repräsentieren (z.b. den Nutzer, einen virtuellen Verkäufer oder andere Kommunikationspartner).

[91] Vgl. yellostrom.de (18.09.03).

[92] Vgl. EMIND@EMNID Studie (2001): Kundenbindung im Internet mit Telemedien Services.

[93] Vgl. Rheingold, H. (1994): Virtuelle Gemeinschaft – Soziale Beziehungen im Zeitalter des Computers.

[94] Vgl. Figallo, C. (1998): Hosting Web Communities: Building Relationships, Increasing Customer Loyalty, and Maintaining a Competetive Edge.

[95] Vgl. Hagel III, J. / Armstrong, A.G. (2002): Net Gain – Profit im Netz.

[96] MUD stand ursprünglich für Multi-User-Dungeons und entstand aus dem Interesse an Rollenspielen in Netzwerken. Mittlerweile steht MUD für Multi-User-Dimensions. Zur Vertiefung des Themas MUD siehe Beaubien, M.P. (1997): Playing at Community: Multi-User Dungeons and Social Interaction in Cyberspace.

[97] Als Gründe für diese Informationsflut können folgende genannt werden: Die fehlende Organisation (dezentraler Aufbau des Internets), die fehlende Strukturierung (keine ausreichende Vorauswahl der Veröffentlichungen), die Zufälligkeit von Informationen (Veröffentlichungen sind nur vom Interesse des jeweiligen Anbieters abhängig) und die Dynamik des Mediums (zunehmende Vernetzung und veränderte, gelöschte oder verschobene Informationen) (siehe dazu auch Alpar, P. (1998): Kommerzielle Nutzung des Internet; sowie Rheingold, H. (1994), Virtuelle Gemeinschaft).

[98] Vgl. diart-berlin.de/osdiart/virtuellinfo.html.

[99] Vgl. livingathome.de (05.10.04).

[100] Vgl. Brunold, J. / Merz, H. / Wagner, J. (2000): www.cyber-communities.de: Virtual Communities.

[101] Vgl. budweiser.de (18.09.03).

[102] Vgl. artedona.de.

[103] Vgl. Psychonomics Studie (2002): Websites im Qualitätstest: Was User sagen – wenn man Sie zu Wort kommen lässt!

[104] Vgl. Häusel (2000), S.28; vgl. dazu auch Singer, W. (1997): Der Beobachter im Gehirn, in Ploog, D., Meier H. (Hrsg.): Der Mensch und sein Gehirn, München.

[105] Vgl. Spitzer,M. (2004): Selbstbestimmen, Heidelberg und Berlin, S..29ff.

[106] Vgl. R.Roth (2004): Wie entstehen Bewußstsein und Gefühle; Video-Teleakademie, SWR-Media-GmbH.

[107] Vgl. Spitzer,M. (2004): Selbstbestimmen, , Heidelberg und Berlin, S. 78 und 83.

[108] Vgl. Aharon I., Etcoff N. Ariely D., Chabris CF, O´Connor E., Breiter HC (2001) Beautiful faces have variable reward value: fMRI and behavioural evidence. Neuron 32, S.537-551.

[109] Vgl. Kampe, K.K./ Frith, C.D./ Dolan, R.J./ Frith, U. (2001) Reward value of attractiveness and gaze. Nature 413, S.589.

[110] Vgl. Hamann S., Mao H. (2002) Positive end negativ emotional verbal stimuli elicit activity in the left amygdala. Neuroport 13, S.15-19.

[111] Vgl. dazu insbesondere die Ausführungen in Spitzer,M. (2004): Selbstbestimmen, , Heidelberg/ Berlin, S.129.ff. als auch Kandel,E.R./ Schwartz, J.H./ Jesssel, Th.M. (2000): Principles of Neuronal Sciences, New York, Häusel, H.-G., (2000): Think limbic, Planegg.

[112] Vgl. u.a. dazu die Ausführungen von Häusel, H.-G., (2000): Think limbic, Planegg, S.182 ff.

AUSWAHL EMPFOHLENER LITERATUR

Alpar, P. : Kommerzielle Nutzung des Internet, 2. Auflage, Berlin/ Heidelberg/ New York, 1998

Amor, D.: Die E-Business-(R)Evolution – Das umfassende Executive-Briefing, Bonn, 2000

Bänsch, A.: Käuferverhalten, 8. Auflage, München/ Wien, 1998

Bauer, H.-H./ Rösger, J./ Heumann, M.-M.: Konsumentenverhalten im Internet, München, 2004

Bayne, K. M.: The Internet Marketing Plan, USA, 1997

Beaubien, M.P.: Playing at Community: Multi-User Dungeons and Social Interaction in Cyberspace in: Strate, L./ Jacobson, R./ Gibson, S.B. (Hrsg.): Communication and Cyberspace: Social Interaction in an Electronic Environment, 2. Auflage, Cresskill NJ, 1997

Behrens, G.: Sozialtechniken der Beeinflussung in: Kroeber-Riel, W./ Behrens, G./ Dombrowski, I. (Hrsg.): Kommunikative Beeinflussung in der Gesellschaft: Kontrollierte und unbewußte Anwendung von Sozialtechniken, Wiesbaden, 1998

Bliemel, F./ Fassott, G.: Electronic Commerce und Kundenbindung in: Bliemel, F./ Fassott, G./ Theobald, A. (Hrsg.): Electronic Commerce, 3. Auflage, Wiesbaden, 2000

Bruhn, M.: Kommunikationspolitik, 2. Auflage, München, 2002

Brunold, J./ Merz, H./ Wagner, J.: www.cyber-communities.de: Virtual Communities: Strategie, Umsetzung, Erfolgsfaktoren, Landsberg/ Lech, 2000

Emind@Emnid: Kundenbindung im Internet mit Telemedien Services, Hamburg, 2001

Esch, F.-R.: Aufbau starker Marken durch integrierte Kommunikation in Esch, F-R. (Hrsg.): Moderne Markenführung – Grundlagen, Innovative Ansätze, Praktische Umsetzungen, 2. Auflage, Wiesbaden, 2000

Esch, F-R./ Wicke, A.: Herausforderungen und Aufgaben des Markenmanagements in Esch, F-R. (Hrsg.): Moderne Markenführung – Grundlagen, Innovative Ansätze, Praktische Umsetzungen, 2. Auflage, Wiesbaden, 2000

Felser, G.: Werbe- und Konsumentenpsychologie, 2. Auflage, Stuttgart, 2003

Figallo, C.: Hosting Web Communities: Building Relationships, Increasing Customer Loyalty, and Maintaining a Competetive Edge, New York u.a.O., 1998

Fittkau & Maaß: 14. WWW-Benutzer-Analyse (W3B); zit. nach Werben und Verkaufen, www.wuv.de/static/news/81950.html (31.05.02).

Hagel, J./ Armstrong, A.G.: Net Gain – Profit im Netz, Niedernhausen/ Wiesbaden, 2002

Hildebrand, V.G.: Kundenbindung mit Online Marketing in: Link, J.

(Hrsg.): Wettbewerbsvorteile durch Online Marketing: Die strategischen Perspektiven elektronischer Märkte, 2. Auflage, Berlin u.a.O., 2000

Homburg, C./ Bruhn, M.: Kundenbindungsmanagement – Eine Einführung in die theoretischen und praktischen Problemstellungen in: Bruhn, M./ Homburg, C. (Hrsg.): Handbuch Kundenbindungsmanagement, 4. Auflage, Wiesbaden, 2002

Homburg, C./ Faßnacht, M.: Kundennähe, Kundenzufriedenheit und Kundenbindung bei Dienstleistungsunternehmen in: Bruhn, M./ Meffert, H. (Hrsg.): Handbuch Dienstleistungsmanagement: Von der strategischen Konzeption zur praktischen Umsetzung, 2. Auflage, Wiesbaden, 2001

Homburg, C./ Giering, A./ Hentschel, F: Der Zusammenhang zwischen Kundenzufriedenheit und Kundenbindung in: Die Betriebswirtschaft, Jahrgang 59, Ausgabe 2, 1999

Jung, H./ von Matt, J.-R.: Momentum – Die Kraft, die Werbung heute braucht, Berlin 2002

Kim, A. J.: Community Building On the Web: Secret Strategies for Successful Online Communities, Berkeley, 2000

Kollmann, T.: Elektronische Marktplätze – Die Notwendigkeit eines bilateralen One to One-Marketingansatzes in: Bliemel, F./ Fassott, G./ Theobald, A. (Hrsg.): Electronic Commerce, Wiesbaden, 2000

Kroeber-Riel, W.: Bildkommunikation –

Imagerystrategien für die Werbung, München, 1996

Kroeber-Riel, W./ Weinberg, P.: Konsumentenverhalten, 8. Auflage, München, 2003

Kroeber-Riel, W./ Esch, F.-R.: Strategie und Technik der Werbung – Verhaltenswissenschaftliche Ansätze, 6. Auflage, Stuttgart/ Berlin/ Köln, 2004

Lachmann, U.: Wahrnehmung von Werbung und Konsequenzen für Entscheidungen im Bereich der Werbung in: Werbeforschung & Praxis, 4/2001

Langer, I./Schulz von Thun, F./ Tausch, R.: Verständlichkeit in Schule, Verwaltung, Politik und Wissenschaft, München, 1974

Maslow, A. H.: Motivation and Personality, 3. Auflage, New York, 1987

Mertens, P.: Personalisierung und Situierung im computerunterstützten Marketing in: Werbeforschung & Praxis, 4/2001

Meyer, A./ Blümelhuber, C.: Kundenbindung durch Services in: Bruhn, M./ Homburg, C. (Hrsg.): Handbuch Kundenbindungsmanagement, 4. Auflage, Wiesbaden, 2002

Meyer, A./ Pfeiffer, M.: Kundenbindung im Electronic Commerce – oder: Wie man mit der neuen Macht des Kunden umgeht in: Foscht, T./ Jungwirth, G./ Schnedlitz, P. (Hrsg.): Zukunftsperspektiven für das Handelsmanagement: Konzepte – Instrumente – Trends, Frankfurt a.M., 2000

Mayer, H./ Illmann, T.: Markt- und Werbepsychologie, 3. Aufl., Stuttgart, 2000

Meyer-Hentschel, G.: Erfolgreiche Anzeigen: Kriterien und Beispiele zur Beurteilung und Gestaltung, Wiesbaden, 1988

Moon, M., Millison, D.: Brandheiße Marken, Düsseldorf u.a., 2002

Nielsen; J.: Designing Web Usability: Erfolg des Einfachen, 2. überarbeitete Auflage, München, 2001

Niemeier, J.: Internet-Communities als Geschäftsmodell in: Zeitschrift Führung und Organisation, Heft 4, Juli/August 1998

Opaschowski, H. W.: Deutschland 2010. Wie wir morgen arbeiten und leben – Voraussagen der Wissenschaft zur Zukunft unserer Gesellschaft, 2. völlig überarbeitete Auflage, Hamburg, 2001

Plan.net: Wahrnehmung von Sprache und Text im Internet, 2001

Promio.net GmbH: Potenzial von eMail-Werbung in Deutschland, Bonn, 2002

Psychonomics AG: Websites im Qualitätstest: Was User sagen – wenn man Sie zu Wort kommen lässt!, Köln, 2002

Roth, G.: Das Gehirn und seine Wirklichkeit, Berlin, 2001

Roth, G.: Fühlen, Denken, Handeln, Berlin, 2001

Schubert, P.: Virtuelle Transaktionsgemeinschaften im Electronic Commerce: Management, Marketing und Soziale Umwelt, 2. Auflage, Lohmar, 2000

Singer, W.: Der Beobachter im Gehirn in: Plooy, D./ Meier, H. (Hrsg.): Der Mensch und sein Gehirn, München, 1997

Skiera, B./ Garczorz; I.: Barrieren aufbauen, Kunden binden – Wechselkosten im Electronic Commerce als strategisches Instrument in Cybiz, 2/2000

Spitzer, M.: Lernen, Heidelberg, 2002

Spitzer, M.: Selbstbestimmen, Heidelberg/ Berlin, 2004

Stolpmann, M.: Kundenbindung im E-Business, Bonn, 2000

TNS Emnid (2001): Studie: Online-Shopping weiter im Trend, http://www.emar.de/index.php3?con tent=content/news/aktuell/detail&me ldung, 19.11.2001.

Trommsdorff, V.: Konsumentenverhalten, 5. Auflage, Stuttgart, 2003

Truscheit, A.: Virtuelle soziale Netzwerke: Communities im Cyberspace in: Schneidewind, U./ Truscheit, A./ Steingräber, G. (Hrsg.): Nachhaltige Informationsgesellschaft, Marburg, 2000

United Research: Studie: Vertrauen im Internet 2.0, Hamburg, 2002

Weiber, R./ Kollmann, T.: Wertschöpfungsprozesse und Wettbewerbsvorteile im Marketspace in: Bliemel, F./ Fassott, G./ Theobald, A. (Hrsg.): Electronic Commerce, 3. Auflage, Wiesbaden, 2000

Weinberg, P.: Verhaltenswissenschaftliche Aspekte der Kundenbindung in:

Bruhn, M./ Homburg, C. (Hrsg.):
Handbuch
Kundenbindungsmanagement, 4.
Auflage, Wiesbaden, 2002

Weinberg, P./ Diehl, S.:
Erlebniswelten für Marken in Esch,
F-R. (Hrsg.): Moderne
Markenführung – Grundlagen,
Innovative Ansätze, Praktische
Umsetzungen, 2. Auflage,
Wiesbaden, 2000

Wischy, M. A./ Willmann, U.:
Visualisierung in der Werbung,
http://studweb.studserv.uni-
stuttgart.de/studweb/Users/inf/inf13
425/tutorials/visualization/,
(29.11.01), Stuttgart, 1996

Internetbeispiele:

ag-ma.de (17.01.04)

amazon.de

aph.org (10.04.04)

artedona.de (05.10.04)

bestattungen-karin-werner.de
(2002)

bild.t-online.de (2002)

budvar.cz (18.09.03)

camel.de (10.04.04)

coffee-nation.de (02.02.03)

Curth-roth.de/pdf/usability-
Navigation.pdf (11.10.02)

debitel.de (20.04.03)

deutschepost.de (02.10.04)

dudarfst.de (02.02.03)

ecowein.de (02.02.03)

elbenwald.de (13.03.04)

gmx.de (02.02.03)

gordenthye.de/titel.htm (02.02.3)

grubauer.de (02.02.03)

gvg.de (18.09.03)

hm.com (02.02.03)

holsten.de (01.02.04)

http://de.my.yahoo.com/p/d.html;
(02.02.03)

http://de.fc.yahoo.com/t/taliban.html
(2002)

ikea.de (05.10.04)

illa-healthcare.de (02.02.03)

interest.de/produkte/1132.html
(2002)

journalfuerdiefrau.de (02.02.03)

karstadt.de (10.04.04)

karstadt.de (13.03.04)

karstadt.de (02.02.03)

kdvr.de/bilder/landschaften/landsch
aften.html (02.02.03)

kika.de (2002)

knorr.de (02.02.03)

lansend.de (2002)

livingathome.de (05.10.04)

mytoys.de (02.02.03)

neckermann.de (13.03.04)

otto.de (02.02.03)

palmers.de (02.02.03)

porsche.de (02.02.03)

primusmedia.de (05.10.04)

saron.de/die_haselfeen.htm (10.04.04)

shop-apotheke.com (13.03.04)

sparkasse.de (13.03.04)

tauchversand.de (13.03.04)

tauchversand.com (13.03.04)

tchibo.de (10.04.04)

tchibo.de (15.06.04)

tchibo.de (18.06.04)

tchibo.de (05.10.04)

technikdirekt.de (13.03.04)

topdeq.de (05.05.00)

travelchannel.de (05.10.04)

unclesam.de (02.02.03)

villeroy-boch.com (10.04.04)

web.de (10.04.04)

yellostrom.de (18.09.03)

yves-rocher.de (02.02.03)

zdf.de (2002)

zdm.de (2000)

VORSTELLUNG DER AUTOREN

Prof. Dr. Thomas Gey ist Fachbereichsleiter für Marketing und Strategische Unternehmensentwicklung an der NORDAKADEMIE – HOCHSCHULE DER WIRTSCHAFT. Zu seinen Spezialisierungen gehören die Entwicklung und Umsetzung von Markenstrategien, Markt- und Werbepsychologie sowie Online-Marketing. Er ist darüber hinaus langjähriger Berater großer Markenartikelunternehmen.

Nina Schenk studierte Betriebswirtschaftslehre mit den Schwerpunkten Marketing, Controlling und internetgestützte Prozessoptimierung. Sie ist heute in einem marktführenden internationalen Verlag tätig.

Maike Radig studierte Betriebswirtschaftslehre mit den Schwerpunkten Marketing und E-Business. Sie ist als IT-Organisatorin in einem weltweit tätigen Unternehmen der Schiffselektronik in verantwortlicher Stellung.

Olaf Japp hat sich während des Studiums der Betriebswirtschaftslehre in den Bereichen Marketing und Multimedia spezialisiert. Er ist heute als Anzeigenverkaufsleiter in einem weltweit agierenden Multimedia-Konzern tätig.

Lars Fuchte hat sich in seinem Studium der Betriebswirtschaftslehre schwerpunktmäßig auf die Bereiche Marketing und Multimedia spezialisiert. Als Account-Manager ist er heute vorwiegend für das Customer-Relationship-Management in einem amerikanischen Konzern der Medizintechnik verantwortlich.